KB251134

이안이와 함께한
한자 공부

이안이와 함께한 한자 공부

할머니와 손자가 함께한
3년간의 한자 공부 기록

글 이상란 · 그림 송이안

좋은땅

추천사

■ 한국진로상담연구원에서 회원들을 대상으로 한자교육을 진행한 적이 있었는데 호응이 매우 좋았던 기억이 납니다. 어른들에게도 동 저서는 보다 더 쉽게 한자를 공부하도록 안내하고 있다는 점에서 관심을 가져 볼 만한 책이라고 생각합니다.

\- 사) 진로상담협회 이사장 겸 한국진로상담연구원 대표 김순자

■ 이 책을 단순한 한자공부법 책이라고 판단하면 큰 오산이다. 할머니가 손자에게 한자를 가르치며 아이가 성장하는 모습, 그리고 가족이 여행과 문화생활을 하면서 일상 속에서 자연스럽게 공부하는 모습이 담긴 아름답고 감동적인 가족의 사랑 이야기이다. 한자공부법은 물론, 한 아이의 성장과 가족의 사랑 이야기가 담긴 이 책을 적극 추천한다.

\- (前) 쌍용화재 사장 김재홍

■ 이 책은 나와 할머니의 특별한 한자 공부가 담긴 기록이다. 이 책을 접하는 친구들도 한자가 지루하고 어렵다는 편견을 깨고 내가 느꼈던 한자의 재미와 기쁨을 느낄 수 있었으면 한다.

\- 신사중학교 1학년 송이안(저자의 손자이자 이 책의 주인공)

■ 세대를 건너뛰는 조손(祖孫) 간의 정겨운 이야기가 한자(漢字)를 매개로 펼쳐진다. 세상의 모든 할아버지, 할머니께 권하고 싶다. 손에 이 책을 들고 손주와 놀아 보시기를.

- 아주대학교 국어국문학과 교수 이상신

■ 작가 이상란 할머니와 손자 이안이는 한자로 놀고 재미있어한다. '놀이'와 '재미'는 인간의 본능적 행동이며 사회성, 인지능력, 감정 등의 두뇌 기능을 발달시키는 원동력이다. 작가와 손자와의 대화는 읽으면 읽을수록 인간의 언어, 두뇌, 지각, 감정, 사회성, 정보처리 등을 연구하는 인지과학의 산실이라는 느낌이 강렬하게 다가온다.

- 서강대학교 영어영문학과 명예교수, Midwest University 상담심리학과 교수 조숙환

■ 저자와 같은 학교 선후배로 근무할 당시, 저자가 학생들에게 부수 찾기를 중심에 둔 한자 지도법을 실천하는 것을 직접 보고 배웠습니다. 많은 시간이 지난 지금 이 방법이 손자 이안이에게도 전해져 한자를 '외워야 하는 것'에서 '이해하며 즐기는 것'으로 아이의 생각을 전환시킨 것은 큰 교육적 성과하고 생각합니다. 한자 학습을 시작하는 어린이와 이를 지도하는 교사나 부모 모두에게 이 책이 든든한 길잡이가 될 것이라고 믿습니다.

- 서울방이초등학교 교사 최서윤

■ 선생님과 한 달 동안 옥편으로 부수를 찾으며 한자를 배웠는데 퍼즐을 푸는 것처럼 재미있었어요. 어려운 글자도 스스로 뜻을 알아가는 느낌이 좋아서 한자 공부가 더 쉬워졌어요. 무엇보다 한자가 어떻게 만들어졌는지 하나씩 알아갈 때마다 신기했고, 제가 직접 찾아서 알게 되었다는 게 뿌듯했어요. 그래서 한자 시간이 기다려질 만큼 즐거웠어요.

- 서울가동초등학교 5학년 최태연

■ 학교 현장에서 38년간 아이들을 가르친 경험과 한자교육에 대한 열정을 가진 저자가 퇴직 후에 손주를 직접 가르친 과정을 이야기로 풀어 나간 이 책은 할머니와 손주의 사랑이 담긴 일기를 읽는 것 같다. 담임교사로서 아침 자습시간을 이용하여 학생들에게 재미있게 한자(漢字)를 가르치던 다양한 방법들을 소개하고 있어서 초등학생 자녀를 둔 젊은 부모들에게 漢字에 쉽게 접근하는 방법을 아이들에게 알려 주는 길잡이 역할을 충분히 할 수 있을 것이다.

- (前) 서울석촌초등학교장 한숙경

차례

제9장　한자 공부를 통해 얻어지는 것들

제10장　여행지에서 만난 한자들

부수 및 색인(部首, 索引)　　234

사자성어(四字成語)　　236

참고 서적 및 자료　　247

········

제1장

들어가는 글

들어가는 글

나는 한학자도 아니며 대학에서 한문을 전공한 사람은 더더욱 아니다.

그러나 초등학교에서 38년 동안 학생들을 지도하며 한자를 재미있게 지도한 사람이다. 90년대에 한자 지도에 관한 현장논문을 읽게 되었다.

그 당시 서울교대부국에서 6학년을 지도하는 교사들의 공동연구 논문이었다.

2개 학급이었는데, 한 학급은 전통적인 서당식 한문교육 형태로 한자 지도를 했고, 다른 학급은 한자의 부수를 통해 한자 지도를 했다.

1년이 다할 무렵 학생들의 한자 능력을 테스트한 결과, 부수를 통해 한자 지도를 했던 학급의 학생들이 많은 한자들을 기억했고, 서당교육처럼 전통적인 방식으로 지도한 학급보다 조어력과 어휘력이 월등하게 향상되어 있는 결과를 확인할 수 있었다.

나는 부수를 통한 한자 지도를 학급에서 적용했다.

우리 말의 70% 이상이 한자어로 구성되어 있는데, 우리의 유구한 문화와 역사를 알기 위해서는 한자를 알아야 되지 않을까? 5학년 2학기 사회 과목의 교육과정이 대부분 한국사로 구성되어 있다. 교과서 내용 중에는 한자어로 이루어진 어휘가 많아서 학생들이 이해하기가 무척 힘들다. 한자 공부를 한 학생이라면 한국사가 그리 어렵게만 느껴지지는 않을 것이다.

많은 어려움이 예상되었지만, 그래도 3학년 학생들에게 한자 공부를 같이 하자고 했다. 처음에는 좌충우돌하면서 어설프기까지 했던 나의 한자 수업이었다.

열심히 지도하면서도 '내가 지금 학생들에게 잘 지도하고 있는 것인가?' 하는 의구심도 들었는데 한 학생의 말을 듣고는 용기를 얻게 되었다.

그 아이는(지금도 그 이름을 기억하고 있다. 아

마도 그 친구, 지금쯤은 30대 후반은 되었겠네.) 학급에서 크게 두각을 나타내는 학생도 아니었고 성적도 조금은 부진한 학생이었는데, 하교 때 내 치마 끝을 붙잡고 "선생님, 오늘은 한자 공부 안 해요?"라고 하는 거다.

그날은 학교 행사로 인해 시간표대로 수업이 진행되지 않았었다. 이 방법이면 되겠다 싶어 자신감도 생기고 더욱 신이 났었다.

한자를 교육하는 과정에서 학생들이 한자에 흥미를 느끼고 스스로를 자랑스러워하는 모습을 보면서 느낀 말할 수 없는 희열은 38년간의 내 교직 생활 중 가장 의미 있고 가슴 벅찬 일이었다.

2013년에 태어난 유일한 손자 이안이가 똑똑하고 지혜로운 아이로 성장하면 좋겠다는 할머니로서의 욕심으로 인해 내가 오랜 시간 지도해 왔던 재미있는 방법을 통해 한자를 꼭 가르쳐 주고 싶었다.

이안이가 초등학교에 입학한 후부터 약 3년간 나와 함께 했던 한자 공부가 다행히도 좋은 결실을 맺

어 이안이는 지금도 한자를 좋아한다. 나아가 학교 공부에서도 한자를 배웠던 경험이 좋은 영향을 끼치는 것을 보았다.

　머느리는 내게 "어머니의 한자교육 방법이 너무나 좋아서 유튜브를 해 보시면 좋을 것 같아요"라고 자주 이야기를 했었다. 며느리의 말이 감사했지만 한편으로는 내 얼굴과 목소리를 노출시켜야만 하는 영상 작업이 마음에 내키지 않기도 했다.

　이안이에게 한자를 지도하면서 경험했던 많은 일들이 너무나도 소중하여 그 긴 과정을 모두 기록으로 남겼다. 이 자료들을 모아서 책으로 펴낸다면 젊은 부모들이 한자에 쉽게 접근하고 그들의 자녀들에게도 재미있게 적용할 수 있을 것 같았다. 그래서 나는 용기를 내어 이 책을 쓰게 되었다. 손자 이안이와 할머니가 일주일에 두 번씩 만나서 재미있게 공부한 결과들이 여기에 오롯이 담겨 있으니까.

　나는 어린 자녀를 키우는 젊은 부모들에게 감히

권하고 싶다. 내가 경험했던 이 한자교육 방법이라면 아이들에게 지적호기심을 채워 주고 한자에 대한 관심을 불러일으켜 거실에서도 식탁에서도 끊임없이 한자에 대한 이야기가 이어질 것이라고.

어떻게 시작해야 할지 막막한 젊은 부모님들이라면, 네이버 사전이나 옥편에서 쉬운 한자부터 아이들과 함께 찾아보면 좋겠다. 찾은 한자들이 일상에서 어떻게 쓰이는지도 함께 생각해 보고 아이들과 이야기를 나누면서 같이 공부하면 좋을 것이라고 생각한다.

이 방법이 조금 느린 것 같아도 즐겁게 내 아이와 기억을 공유하면서 주변에서 그 한자어들이 어떻게 사용되는지 용례를 찾아보고 지하철 안에서도 역의 이름들을 찾아보면서 재미있게 한자와 친해지면 좋겠다.

책이 나오기까지 많은 수고를 아끼지 않았던 사

랑하는 딸과 며느리에게 고마움을 전한다.

그리고 서울대 언어교육원에서 만난 인연으로 이 책과 관련하여 아낌없이 조언을 해 주신 아주대학교 국어국문학과 이상신 교수님께 진심으로 감사드린다.

　* 독자분들께: 고슴도치 할머니가 쓴 글이니 손자에 대한 사랑과 칭찬이 너무 과하더라도 너그러이 이해해 주시길 부탁드린다.

한자 공부(漢字工夫),
할머니가 지도하기로 마음먹음

새 학년 새 학기가 되면 학생들에게 우리들의 생활 속에서 한자가 활용되는 예를 찾아보게 하고 각자 포장지나 상자 등을 가져오게 했다.

한자의 여러 쓰임

초코파이 정情, 안성탕면, 삼양라면, 과자 고소미,

흑설탕 사탕, 설화수, 산심 화장품, 일본제 과자, 중국제 빵 등 상자와 비닐봉지들이 수두룩했는데 그것들을 교실 뒤 작품 전시판에 모조리 다 붙이게 했다. 아이들은 재미있어하고 또 한자에 관한 관심도 많아졌다.

1년에 걸쳐 진행될 한자 프로젝트 계획을 세우고 교과 시간을 제외한 아침 자습, 창체 시간 등을 활용하여 지도를 했다.

"방학 때도 한자 공부 하고 싶은데 어떻게 하나요?" 하는 학생들의 질문에 자주 쓰이는 사자성어 100개 정도를 내 나름으로 선정해서 한자의 음과 훈을 찾아보게 하고 그 뜻을 유추해 보도록 했다.

이것은 꼭 해 보겠다고 원하는 학생들에게만 별도 방학 과제로 프린트해서 나눠 주었다. 개학 후 놀랍게도 많은 친구들이 약속을 지켰고, 나는 즐겁게 과제물을 모두 검사해 주었다. 그즈음 일기 쓸 때도 자신이 아는 한자어를 활용하며 쓰는 친구들이 많아졌다.

　7급 한자 150자를 복사하여 코팅해서 책받침으로 만들어서 모두 나눠 주고 그 책받침 위에 색이 다른 자석을 이용하여 한자어를 찾아 그 위에 올려 놓는 게임을 하기도 했다.

　예를 들면 '국가'라는 낱말을 한자판 위에서 '나라 국, 집 가'를 찾아 같은 색의 자석을 올려놓는 것이다.

　'농촌' '농사 농, 마을 촌' 위에는 다른 색을 이용하여 올려놓으면 한자판 위에서 여러 개의 한자어를 찾고 모둠별로 돌아가며 게임으로도 이어졌다.

　학생들도 신이 나서 '계속 한자 공부만 하면 안 되나요?' 이런 말도 했었다.

7급 한자

家	歌	間	江	車	工	空
집가	노래가	사이간	강강	수레거	장인공	하늘공
校	敎	口	九	國	軍	金
학교교	가르칠교	입구	아홉구	나라국	군사군	쇠금
氣	記	旗	南	男	內	女
기운기	기록할기	깃발기	남녘남	사내남	안내	여자녀
年	農	答	大	道	同	冬
해년	농사농	대답할답	큰대	길도	한가지동	겨울동
東	洞	動	登	來	力	老
동녘동	마을동	움직일동	오를등	올래	힘력	늙을로
六	里	林	立	萬	每	面
여섯륙	마을리	수풀림	설립	일만만	매양매	낮,얼굴면
名	命	母	木	文	門	問
이름명	목숨명	어미모	나무목	글월문	문문	물을문
物	民	方	白	百	父	夫
물건물	백성민	모방	흰백	일백백	아비부	남편부
北	不	四	事	山	算	三
북녘북	아니불	넷사	일사	산산	셈할산	셋 삼
上	色	生	西	夕	先	姓
위상	빛색	날생	서녘서	저녁석	먼저선	성씨성

世	小	少	所	水	手	數	市
인간세	작을소	적을소	바,곳 소	물수	손수	셈할수	시장시
時	食	植	室	心	十	安	語
때시	먹을식	심을식	방실	마음심	열십	편안할안	말씀어
然	五	午	王	外	右	月	有
그러할연	다섯오	낮오	임금왕	바깥외	오른우	달월	있을유
育	邑	二	人	一	日	入	自
기를육	고을읍	두이	사람인	한일	날일	들입	스스로자
子	字	長	場	電	全	前	正
아들자	글자자	길장	마당장	전기전	온전할전	앞전	바를정
弟	祖	足	左	主	住	中	重
아우제	할아버지조	발족	왼좌	주인주	살주	가운데중	무거울중
紙	地	直	川	千	天	靑	草
종이지	땅지	곧을직	내천	일천천	하늘천	푸를청	풀초
寸	村	秋	春	出	七	土	八
마디촌	마을촌	가을추	봄춘	날출	일곱칠	흙토	여덟팔
便	平	下	夏	學	韓	漢	海
편할편	평평할평	아래하	여름하	배울학	나라이름한	한나라한	바다해
兄	火	話	花	活	孝	後	休
형 형	불화	말씀화	꽃화	살활	효도효	뒤후	쉴휴

3학년 학생들에게 한자 급수 시험 안내를 해 주고 가을엔 시험을 보게 했다. 급수 시험 결과를 한 사람씩 내 컴퓨터에서 확인하게 했는데 그 아이들은 태어나서 처음, 자신의 노력으로 시험에 합격하여 큰 기쁨을 맛보기도 했다.

그 아이들의 눈빛, 오롯이 자신의 힘으로 해냈다는 성취감을 느끼는 모습… 난 너무나 행복했다. 아이들이 교실 앞 칠판 앞에서 나를 부둥켜안고 너무나 좋아했다.

나는 작은 성취감을 경험한 학생들이 학업성취도가 높고 자존감도 높아질 것이라는 기대도 하면서 같이 즐거워했다.

부장 교사로 근무할 때는 그 학년 전체가 한국어문회 주관으로 실시하는 한자 급수 시험에 참여한 경우가 있었다. 자신들의 해당 학교, 교실에서 응시할 수 있도록 해 주서서 학생들은 편하게 시험을 볼 수 있었다. 물론 합격률이 매우 높았고, 젊은 선생님 학급의 합격률은 더욱 높았다.

　그즈음 학부모님들의 이야기를 듣게 되었다. 아이들이 식탁에 앉아 밥을 먹다가도 '저 냉장고도 한자예요? 식탁도요? 음식도요?' 끊임없이 쏟아내는 질문에 엄마가 실력이 부족해서 대답을 제대로 다 못해 준다는 그런 내용이었다.

손자(孫子)와의 한자 공부,
하기로 마음먹음

손자 이안이가 1학년에 입학하자마자 코로나가 창궐하여 기승을 부리고 있었다.

한참 학교생활에 적응해야 할 시기에 유감스럽게도 학교 수업은 Zoom으로 진행할 수밖에 없었다. 부모가 직장 생활을 하고 있어서 이안이는 주 5일을 할머니와 할아버지 집에서 지내야 했다.

나는 손자 이안이에게 한자를 지도하고 싶은 마음에 한자 학습지 선생님을 만나서 커리큘럼을 보게 되었다. 그 내용은 훌륭하고도 체계적이었다.

그런데 이런 의문점이 생겼다.

'우리 이안이는 한자만 하는 것은 아니잖아. 학원서 영어, 수학, 논술 등 여러 공부도 하고, 운동도 하고, 학교도 다니고… 과연 저 커리큘럼대로 하다가는 언제 다 마칠까?'

이런 생각이 들자 그 마음을 접고 차라리 할머니 방법대로 시작해 보자 하는 생각이 들었다. 손자와 게임하듯 놀이하듯 하면서 즐겁게 한자 공부를 하도록 해 보자. 은퇴 후, 손자에게도 한자를 가르치고 싶은 마음이 간절했다. 이안이가 일곱 살 때 교보문고에서 심사숙고하여 사 온 한자 책을 보여 주었더니 빨간 색연필로 책 위에 낙서만 하고 있었다.

'지금은 때가 아닌가 보다.'

"할머니, 저건 뭐예요? 저 글자는 텔레비전에서 많이 나오는데…"

알고 보니 '문文'이었다. 대통령 성씨가 문文씨라고 했더니 "아하, 그래서 저 글자가 맨날 텔레비전에 나오는구나." 이런다.

나의 욕심이 발동해서 내친김에 한자 8급 카드를 인터넷으로 주문했다.

제2장

········

이안이의
첫 한자 공부 시작

이안 집무실과 명함

코로나로 인해 1학년 과정을 Zoom으로 수업했던 적이 있다. 그때 이안이는 우리 집을 온통 도서관으로 꾸미고 일인용 소파 주위를 자신의 집무실(?)로 꾸몄다.

이때 도서관장 명함이 필요하다며 할아버지처럼 자신도 있으면 좋겠단다.

고모는 진지하게 이안이 동네 주소도 독서당로를 도서관로로 바꾸고 이안 도서관장(?)이라고 써서 명함을 주문해 주었다. 할아버지가 쓰시던 명함 올려놓는 도구도, 명함 케이스도 모두 이안이 것이 되었다.

나는 월급도 안 주는 사서로 일하라고 하며 동네 도서관에서 봤던 숫자가 무슨 뜻이냐고 묻길래 도서분류번호라고 했더니 자기도 알고 싶다고 하여 그날은 도서분류번호를 쓰면서 거실 여기저기에

숫자를 붙여 놓았다.

이안 집무실, 명함, 이안 도서관장

나는 교직을 떠나서 한국진로상담연구원에서 계속 활동해 오고 있다. 아이들에게 명함을 만들도록 하고 또 만들어 주는 것은 너무나 좋은 진로 교육의 한 예라고 생각한다.

자신이 되고 싶은 모습들을 늘 생각하고 관심을 가질 테니까.

8급 한자 카드놀이

50개의 카드를 거실 테이블 위에 쭉 늘어놓고 게임을 했다. 공부가 아니라 그저 갖고 놀도록 말이다. 평생 해야 될 공부를 뭣 하러 지금부터 '공부'란 말로 아이를 힘들게 할까?

카드 하나하나를 보며 마임으로 표현하면 상대가 맞추는 게임을 했다. 그것도 모르냐면서 애정 어린 손자의 놀림이 시작되고, 나는 이안이의 표정과 몸짓이 귀여워서 계속 할미의 웃음을 날렸다.

동, 서, 남, 북을 마임으로 표현하기는 매우 어려웠다. 자기도 힘들었던지 무작정 한자 50자를 그림처럼 생각하고 외워 버렸다.

50개의 카드를 의미별로 분류하고 같은 부류의 카드를 모아 보게도 했다. 정확하게 같은 범주라고 말하기는 좀 애매한 한자들도 있었지만 이런 방법으로 진행했다.

8급 한자		이름 :				
二	三	四	五	六	七	八
두 이	석 삼	넉 사	다섯 오	여섯 육	일곱 칠	여덟 팔
九	十	心	東	西	南	北
아홉 구	열 십	마음 심	동녘 동	서녘 서	남녘 남	북녘 북
月	火	水	木	金	土	日
달 월	불 화	물 수	나무 목	쇠 금 성 김	흙 토	날 일
大	中	小	學	校	自	己
큰 대	가운데 중	작을 소	배울 학	학교 교	스스로 자	몸 기
少	年	兄	弟	敎	室	門
적을 소 젊을 소	해 년	형 형	아우 제	가르칠 교	집 실	문 문
父	母	先	生	第	人	魚
아비 부	어미 모	먼저 선	날 생	차례 제	사람 인	고기 어
男	女	王	子	山	田	寸
사내 남	계집 여	임금 왕	아들 자	산 산	밭 전	마디 촌

예를 들면

가족→父, 母, 兄, 弟, 子

방향→東, 西, 南, 北

숫자→一, 二, 三, 四, 五, 六, 七, 八, 九, 十, 萬

자연→日, 月, 火, 水, 木, 土, 山, 魚

사람→人, 男, 女, 先生, 國民, 少年, 自己, 軍, 心

상대어→白, 靑

크기→大, 中, 小

그 외→金, 學校, 敎室, 門

50개의 카드를 거실 바닥에 쭉 늘어놓고 나는 긴 구둣주걱으로 글자를 가리키면 이안이가 대답하는 식이다. 하나라도 맞히면 나는 격하게 반응을 하며 이안이를 기쁘게 하려고 애썼다.

이 방법대로 우리 아이들을 가르쳤으면 둘 다 서울대는 당연히 합격했을 것이다.

그 게임(?)을 한참 동안 하고 있는데 할아버지가
오셔서 우리들의 한자 수업 모습을 카메라로 담고
있었다.

8급 한자 카드 공부 모습

이안이의 기억력과 흡입력은 놀라웠다. 짧은 시
간 동안에 50개의 한자의 음과 훈을 다 기억하는 걸
보니…

글자가 50개 정도로 적으니 8급에 도전해도 되겠다 싶어 아들 내외에게 급수 시험 접수를 권했다. 한자 이야기를 아들 내외와 하다 보니 이안 엄마가 자기 친구 아이들은 벌써 급수증도 따고 학습지도 한다고 했다. 그러면서 우리 이안이도 하면 좋겠단다.

한국어문회 홈페이지에서 며느리가 8급 기출문제를 다운받아 집에서 풀게 하고 수험번호 쓰는 방법도 연습했다고 한다.

이안의 생애 최초 시험 합격(試驗合格)

드디어 우리 이안 군이 생애 최초로 시험 보는 날!

부모는 밖에서 기다리고 있는데 이안이가 50개 중에 4개가 자신이 없다며 떨렸다고 했단다.

한 문제에 2점씩이니까 92점은 받겠네…

얼마 후 8급 급수증과 상장이 왔다. 이안이 말대로 4개만 틀렸나 보다. 90점을 넘었으니 상장이 왔겠지?

고 녀석 대단하네?

급수증과 우수상 둘 다 손에 거머쥐고…

그다음부터 우리는 한자 이야기만 했다. 상장까지 받았으니 아이는 사기가 충천하여 한자가 재미있다고 한다. 얼마나 기뻐하던지…

그도 그럴 것이 오로지 자신의 힘과 노력만으로 이뤄 냈으니 그다음은 말해서 무엇하리.

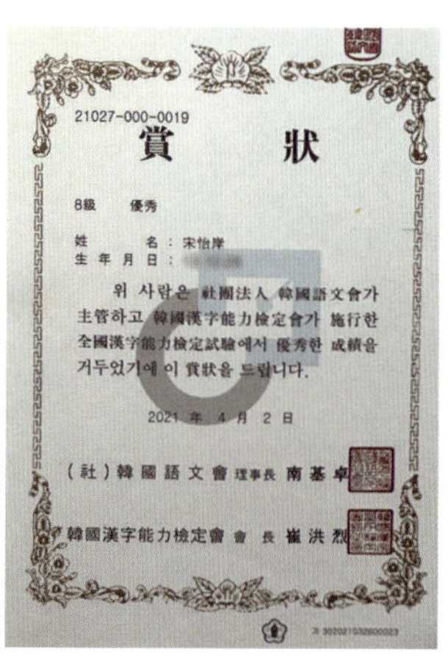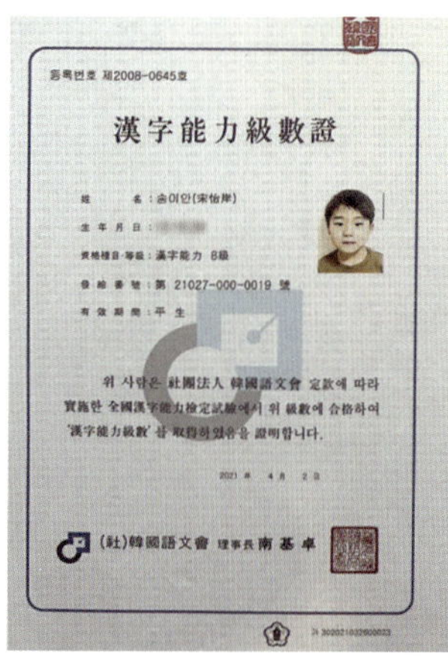

8급 상장 및 급수증

제3장

········

한자 공부 과정

수업 시간(授業時間) 정하기

이안이가 3학년(22년 3월)이 되면서 이 할머니가 또 욕심이 생겼다. 아들 내외로부터 손자에게 한자를 지도하는 것을 허락(?)받고 4월 1일부터 이안이와 함께 한자 공부를 시작했다.

주 2회, 화요일과 목요일 100분간, 과제는 없고 주어진 시간에만 충실하기로 했다.

과제를 내 주어 손자에게 인심 잃기는 싫었다. 숙제를 안 했는데 할머니가 오시면 분명 부담을 느낄 것 같아서… 지금 생각해도 숙제를 안 내 준 내 전략은 정말 탁월했던 것 같다.

이 글은 내가 가급적 손자를 지도한 순서대로 쓰려고 노력했다.

참고서 형태가 아니고, 해박한 지식으로 한문을 지도하고 연구하는 학자는 더욱 아니기 때문에 그저 손자와 할머니의 오붓한 한자 공부 시간에 있었던 이야기 정도로 가볍게 읽어 주면 좋겠다.

유소년기의 자녀나 손자녀에게 나의 방법을 적용해 보는 것도 좋을 것이라 생각한다.

첫 수업, 부수 공부, 옥편 찾기

첫 수업에서 식탁 위에 놓인 일본제 흑설탕 과자 봉지, 라면 봉지를 보며 "할머니, 여기에도 한자가 써 있네요." 하며 이안이가 좋아했다.

먼저 부수를 설명하고 옥편 찾는 방법을 알려 주었다. 부수는 한자 속에 숨어 있고 뜻을 결정한다는 말도 해 주었다.

이안아, 우리 옥편에서 알고 싶은 한자를 찾는 방법을 알아볼까?

옥편 맨 앞『부수의 명칭과 색인』에 부수(部首)가 나오는데, 부수는 한자를 만드는 기본 한자들이란다.

그 부수가 붙어서 만들어진 한자의 뜻을 짐작하게 하고, 옥편에서 한자를 찾을 때에도 길잡이 역할을 하지.

옥편 맨 앞『부수의 명칭과 색인』에서 3획 부분 《氵 삼수변》과 같은 부수를 찾아보자.

[283페이지로 찾아가기]《氵部》에서 江을 찾아보자. 부수를 뺀 工은 3획이니까, 3획의 글자들 중에서 江을 찾아간다. 거기엔 '강 강'이라고 나왔을 거야.

이번에는 洋을 찾아보자 283페이지는 《氵部》이니까 거기에서 洋을 찾으려면 부수를 뺀 羊이 6획이잖아. 거기로 가 보자. 여러 글자가 있지만 洋을 찾아봐. '큰 바다 양'이 나올 거야. 우리가 알고 있는 태평양, 인도양, 대서양도 큰 바다니까 모두 양 洋을 쓰는 거란다.

삼수변(氵)이 들어 있는 다른 한자들도 찾아보자.

海(每 7획) → 바다 해

池(也 3획) → 못 지, 연못 지

湖(胡 9획) → 호수 호

"이렇게 찾으니까 너무나 재미있어요."

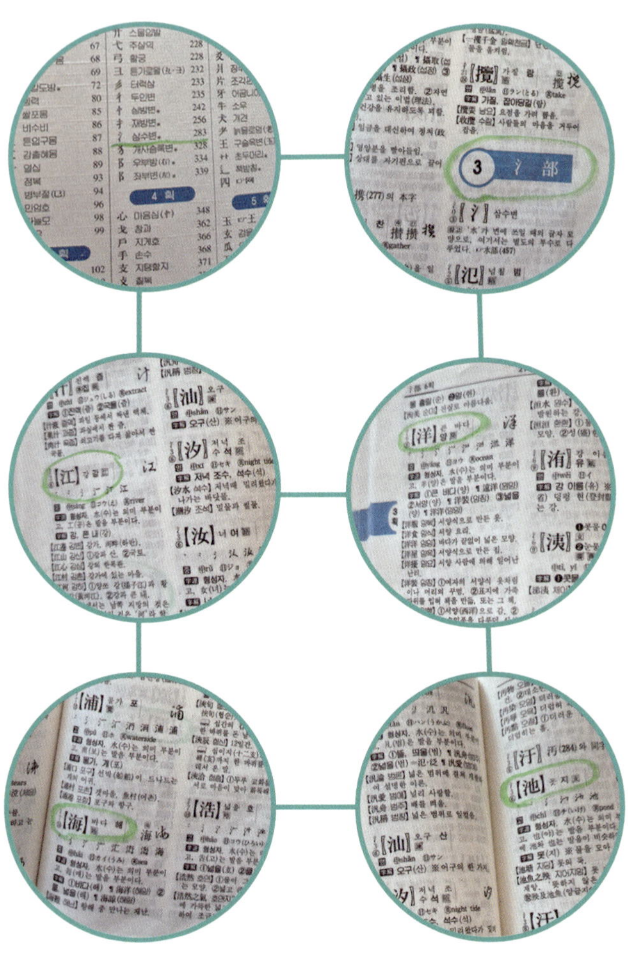

옥편 찾는 방법 예시

7급 한자 공부 안내

그 후 7급 한자 150자를 배우기 시작했다. 아이가 한자 공부에 싫증을 느낄까 봐서 처음에는 한자 쓰기를 강조하지 않았다.

옥편 부록에 《인명용 색인》이 있는데 가나다순으로 나와 있어서 한자의 음만 알면 찾기 쉽도록 안내가 되어 있어, 찾고자 하는 글자를 보고 해당 페이지로 가서 그 한자의 음과 뜻(훈)을 알아낸다.

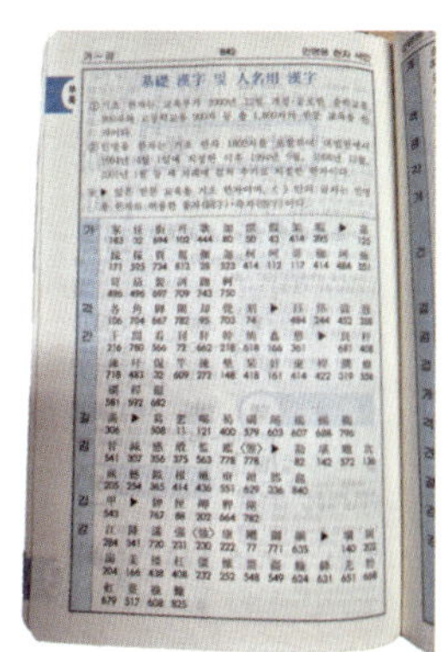

옥편 부록
인명용 한자 색인

　한 글자 한 글자의 음을 이용하여 옥편을 찾아보고 해당되는 한자어를 찾아 공책에 쓰게 했다.

　한자漢字 한 글자에 대략 세 개의 한자어를 찾아서 쓰고, 너무 어려워서 무슨 뜻인지도 모르는 한자어는 제외하고, 가급적 자신이 알고 있는 단어들로 쓰게 했다.

한자 공책 예시

3학년이라서 한자어를 한자로 쓰는 것은 어려울 듯하여 한글로만 썼다.

가 家 → 집 가 → 가정, 가장, 가구…
가 歌 → 노래 가 → 가수, 가요, 애국가…

한자 150자에서 파생되는 한자어가 상당했다. 한 글자에 3개의 한자어만 찾아도 450개 정도의 한자어를 알게 되는 셈이었다. 한자 공부를 통해 저절로 어휘력이 신장되는 것 같았다.

7급 150자를 다 마친 후 이안에게 수업 후 소감을 물었더니 자신의 손과 팔을 만지면서 "할머니, 내 몸 전체에 한자가 들어 있는 것 같아요."라고 말을 하는 것이다.

'한자 공부가 좋아서 몰입을 하면 저런 마음이 들까?'

7급 한자 게임으로 익히기

7급 한자 150자를 2장으로 나누어 출력하여 코팅해 주고 그중 한 장 위에 한자를 서로 조합하여 한자어를 찾아 그 위에 같은 색의 단추를 놓는 그런 게임을 했다.

이안이는 '국가, 공기, 부모, 동물' 벌써 4개나 찾아서 글자 위에 올려놓고 있었다. 서로 재미있어 하면서 나중에는 7급 두 장을 펼쳐놓고 150자 중에서 더 많은 한자어를 찾으며 노느라고(?) 시간 가는 줄도 몰랐다.

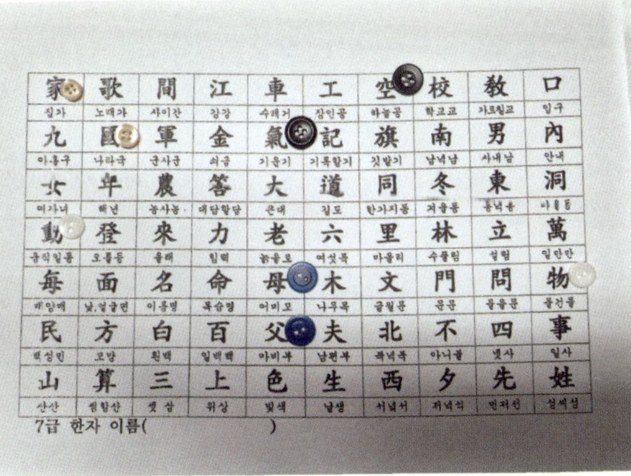

7급 한자 이름(　　　　　　　　　)

7급 한자 단어 놀이

한자의 구성 원리–육서(六書)

이안이가 7급을 공부했으니까 아는 한자도 많아졌잖아. 그럼 한자가 어떤 원리로 만들어졌는지 알아볼까?

한자를 만들어 내는 여섯 가지 원리를 육서(六書)라고 한단다.

육서 : 상형, 지사, 회의, 형성, 전주, 가차

1. 상형문자(象形文字)

사물의 모양을 본떠 간략하게 그려내는 방법이다.

예) 일日 월月 목木 산山 천川 문門 마馬

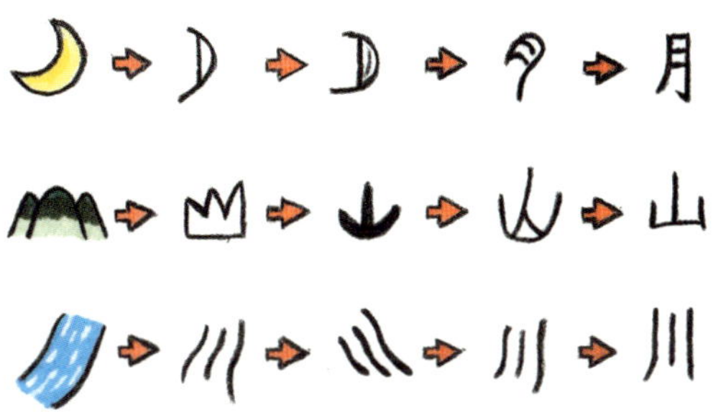

상형문자

2. 지사문자(指事文字)

눈에 안 보이는 개념이나 뜻을 점이나 선으로 기호화하여 나타내는 방법이다.

예) 일一 이二 삼三 상上 하下

3. 회의문자(會意文字)

이미 만들어진 둘 이상의 한자를 합하고 그 뜻도 합성하여 낱말의 뜻을 나타내는 방법이다.

예) 명明 휴休 림林 복伏

- 日 + 月 = 明(밝을 명)

- 人 + 木 = 休(쉴 휴)

- 木 + 木 = 林(수풀 림)

- 人 + 犬 = 伏(엎드릴 복)

4. 형성문자(形聲文字)

두 글자를 합하여 새로운 글자를 만드는 방법으로 뜻을 나타내는 부분과 음을 나타내는 부분으로 나뉜다.

예) 운雲 주注 청淸

- 운 雲 → 雨(뜻), 云(음), 구름 운

- 주 注 → 氵(뜻), 主(음), 물댈 주

- 청 淸 → 氵(뜻), 靑(음), 맑을 청

5. 전주문자(轉注文字)

이미 있는 한자의 뜻을 확대 또는 발전시켜 다른 뜻으로도 쓰는 방법이다.

예) 악樂, 악惡

- 악樂: 즐길 낙(악)(악기 樂器)

- 좋아할 요(요산요수 樂山樂水)

- 악惡: 악할 악(악몽 惡夢)

- 미워할 오(증오 憎惡)

6. 가차문자(假借文字)

어떤 뜻을 나타내는 한자가 없을 때, 뜻은 다르나 음이 같은 글자를 빌려 쓰는 방법이다.

예) 아세아(亞細亞), 인도(印度), 달러(불, 弗)

6급으로 바로 진행할까 아니면 사자성어를 공부할까 물어보니 "당연히 사자성어죠"라고 말한다.

[참조] 사자성어 *210~215p

6급 한자 공부 안내

23년 3월 11일, 6급 시험 날짜를 정해놓고 어쩔 수 없이 한자 쓰는 연습을 했다.

6급에서는 300개의 한자 중 한자 쓰기 문제가 150개 정도 나오니 피할 수가 없었다.

한자를 그리다(?) 보니 쓰는 것이 얼마나 어렵게 느껴졌을까? 그래서 6급 한자 급수 문제집을 사 주니까 구성도 좋았고, 필순에 맞게 쓰다 보니 글자도 예쁘게 쓰게 되었다.

가족들의 지지와 격려로 이안이는 성취감도 느끼고 재미있어했다. 다행히도 3월 말에 6급 급수증과 상장이 도착했다.

이안이는 엄지척을 하면서 '할머니 최고'라는 말을 자주 해서 나는 너무나 행복한 할머니가 된 것 같았다.

할머니께 감사

6급 한자를 공부할 때, 이안이가 體(몸 체), 이 한자를 보면서 이 글자는 획수가 많다고 했다.

그러기에 글자를 두 부분으로 나눠 보라고 했는데, 骨(뼈 골), 豊(풍성 풍)이라고 음과 훈을 읽는다.

두 글자를 우리들의 몸이라고 하면 어떤 생각이 드냐고 물었다.

"아! 할머니, 우리들 몸은 뼈가 많잖아요. 그래서 몸 體 자가 그렇게 생겼나 봐요."

그럼 이번 기회에 사람의 몸은 얼마만큼의 뼈로 이루어졌는지 찾아보자.

네이버 사전에는 이렇게 나와 있었다. 어른들의 뼈는 206개, 아기 때는 300개…

큰 백과사전을 찾으러 가지 않아도 너무나 좋고 편리하다.

가까이에 네이버 사전이 있으니까!!!

6급 상장 및 급수증

상위 급수 한자 공부 안내

4월 초, 5급 한자 문제집을 준비했는데 너무나 열심히 한다(6, 7, 8급은 책받침처럼 만들어 주었었다. 한자 쓰기로 인해 6급 책은 나중에 사 주기는 했었지만). 5급은 배정한자가 500자 정도 되니까 급수 문제집을 가지고 공부할 수밖에 없었다.

접수날짜가 마음대로 조정 가능한 것이 아니라서 접수를 하다 보니 너무나 일찍 시험을 보게 되었다. '그래, 70%만 맞으면 합격이니 그것에 만족하자.' 그랬더니 이번에도 역시 급수증과 상장이 같이 도착했다. 비에 젖은 채로 우편함에 꽂혀 있었다.

4월 11일, 4급에 도전하려는 각오도 대단했다. 4급 한자 문제집에는 필순이 잘 나와 있어서 한자를 균형 있게 쓰게 되었다. 아직은 4학년인데 4급에 나와 있는 한자어들은 수준이 상당히 높아서 한자의 음과 훈은 읽어도 무슨 뜻인지 잘 모르는 상황이 벌어지기도 했다.

생각지도 못했는데 6월 말에 상장과 급수증이 도착했다.

정말이지 스스로 재미를 느끼며 하는 공부는 그 결과가 좋을 수밖에 없음을 다시 한번 느꼈다.

이안이와 한자 수업을 하다가 느끼는 생각이 초등학교 과정에서는 5급(500자) 한자까지만 익혀도 학교 공부나 스스로 학습하는데 이해가 안 되어 어려움을 겪는 일은 크게 없을 것 같다는 생각을 하게 되었다. 각 한자마다 연관 한자어를 익히게 되면 알게 되는 어휘의 수가 상당하니 말이다. 이것은 어디까지나 내 생각이다. 스스로가 재미있어서 4급도, 3급도 공부한다면야 더 좋겠지만…

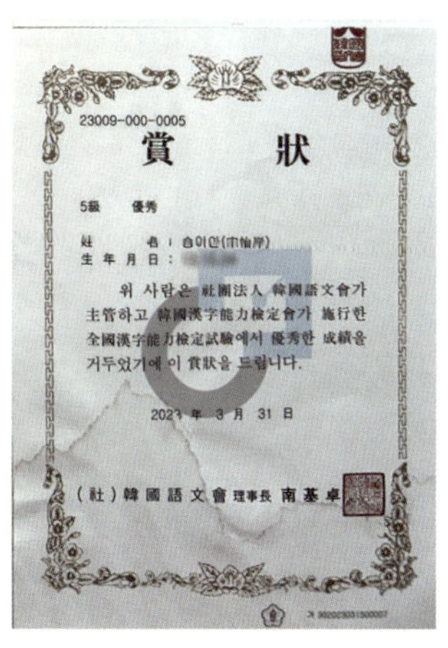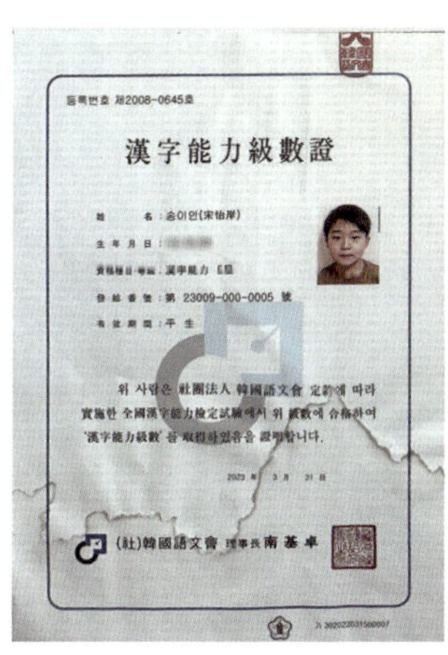

5급 상장 및 급수증

여유로운 마음으로 아이 바라보기

조바심을 갖지 말고 여유롭게 아이와 함께 시작해 보는 것이 좋겠다. 처음에는 한자 쓰는 것을 염두에 두지 말고, 읽으면서 그 음과 뜻을 알아가는 것으로 만족하자. 아이들은 같은 글자를 여러 번 반복해서 쓰라고 하면 염증을 느끼니까.

한자 공책 예시

문제집에서도 한자 쓰기가 나오면 낮은 급수에서는 나도 그 부분을 지나친 경우가 있었다.

6급에서는 한자 쓰기가 나온다고 했더니 그때부터 쓰는 것에 관심을 갖게 되었는데, 처음에는 필순이 엉망이었다. 그래도 문제 삼지 않고 지켜보기만 했다.

손자에게 혼을 내고 잔소리를 해서 인심 잃을 필요가 없지 않은가? 어른들에게도 한자 쓰기는 힘든 부분인데…

6급 한자		이름:					
省	消	速	孫	樹	術	習	勝
살필 성 덜 성	사라질 소	빠를 속	손자 손	나무 수	재주 술	익힐 습	이길 승
始	式	信	身	新	神	失	愛
비로소 시	법 식	믿을 신	몸 신	새 신	귀신 신	잃을 실	사랑 애
野	夜	弱	藥	洋	陽	言	業
들 야	밤 야	약할 약	약 약	큰바다 양	볕 양	말씀 언	업업, 일업
英	永	溫	勇	用	運	園	遠
꽃부리 영	길 영	따뜻할 온	날랠 용	쓸 용	옮길 운	동산 원	멀 원
由	油	銀	音	飲	意	醫	衣
말미암을유	기름 유	은 은	소리 음	마실 음	뜻 의	의원 의	옷 의
者	昨	作	章	才	在	戰	庭
놈 자 사람 자	어제 작	지을 작	글 장	재주 재	있을 재	싸움 전	뜰 정
定	第	題	朝	族	注	晝	集
정할 정	차례 제	제목 제	아침 조	겨레 족	부을 주	낮 주	모을 집
窓	淸	體	親	太	通	特	表
창 창	맑을 청	몸 체	친할 친	클 태	통할 통	특별할 특	겉 표
風	合	幸	行	向	現	形	號
바람 풍	합할 합	다행 행	다닐 행	향할 향	나타날 현	모양 형	이름 호
和	畫	黃	會	訓	後	休	黑
화할 화	그림 화	누를 황	모일 회	가르칠 훈	뒤 후	쉴 휴	검을 흑

各	强	開	京	界	計	高
각각 각	강할 강	열 개	서울 경	지경 계	셀 계	높을 고
苦	古	公	功	共	科	果
쓸 고	예 고	공평할 공	공 공	한가지 공	과목 과	실과 과
光	交	球	區	郡	根	近
빛 광	사귈 교	공 구	구분할 구	고을 군	뿌리 근	가까울 근
今	急	級	多	短	堂	代
이제 금	급할 급	등급 급	많을 다	짧을 단	집 당	대신 대
對	待	來	圖	度	讀	童
대할 대	기다릴 대	올 래	그림 도	법도 도	읽을 독	아이 동
頭	等	樂	例	禮	路	綠
머리 두	무리 등	즐길 락	노래 악 법식 례	예도 례	길 로	푸를 록
理	利	李	明	目	聞	米
다스릴 리	이로울 리	오얏 리 성(姓) 리	밝을 명	눈 목	들을 문	쌀 미
美	朴	反	半	班	發	放
아름다울 미	성 박	돌이킬 반	반 반	나눌 반	필 발	놓을 방
番	別	病	服	本	部	分
차례 번	다를 별 나눌 별	병 병	옷 복	근본 본	떼 부	나눌 분
社	使	死	石	線	雪	成
모일 사	하여금 사 부릴 사	죽을 사	돌 석	줄 선	눈 설	이룰 성

6급 합격 후, 자신이 직접 고른 5급 문제집을 가지고 왔다.

필순이 매우 자세히 잘 나와 있으니 자신도 따라서 잘 써 본다. 필순대로 따라서 쓰니 자연히 글자 모양이 균형 잡히고 예쁘기까지 했다.

주변인들과 가족들로부터 좋은 피드백을 들으니 더 up이 되어 쓰는 것에도 자신을 갖게 되었다.

재미가 붙으니 자신이 알고 있는 단어를 한자로 쓰는 것에 관심을 가지고 여기저기 써서 잘 써진 것은 냉장고 문에 붙여 놓고 사진도 찍었다.

'아, 이제 할머니를 뛰어넘는구나.' 나는 손자보다는 한자를 많이 알고 있지만, 갑자기 그 글자를 쓰려면 망설여지고 틀리기도 하는데, 이안이는 자신이 알고 써 본 한자에 대해서는 정확히 쓸 수 있게 되었다.

네이버 사전과 한자 변환 어플리케이션을 많이 이용하며 잘 만들어진 문명의 이기(利器)에 고마움을 느끼기도 했다.

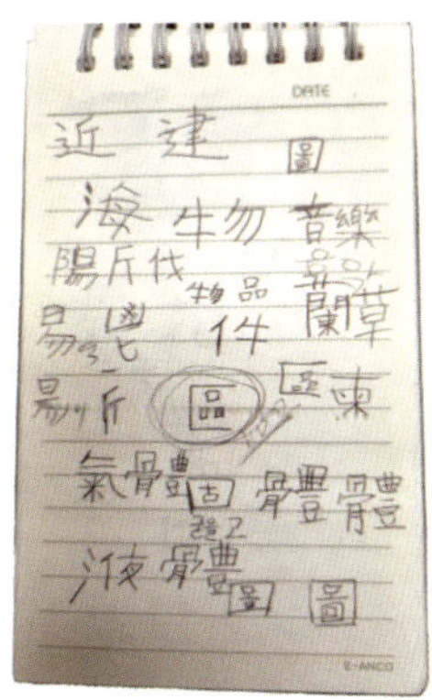

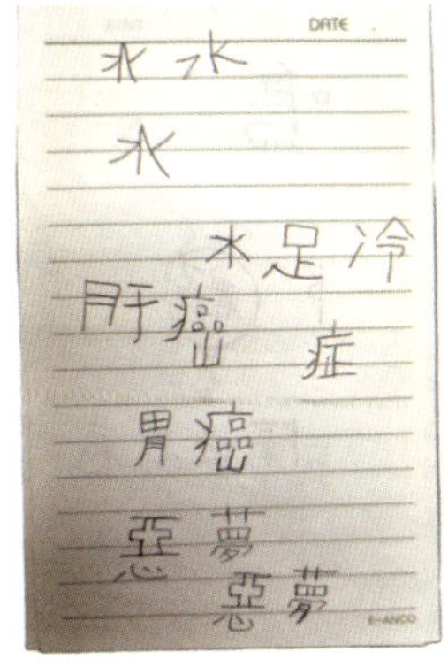

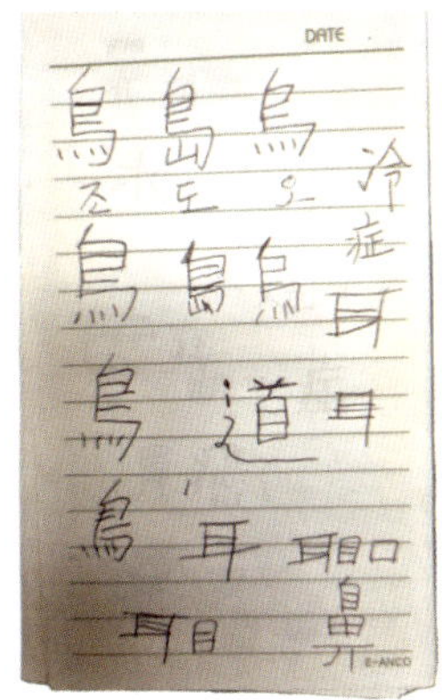

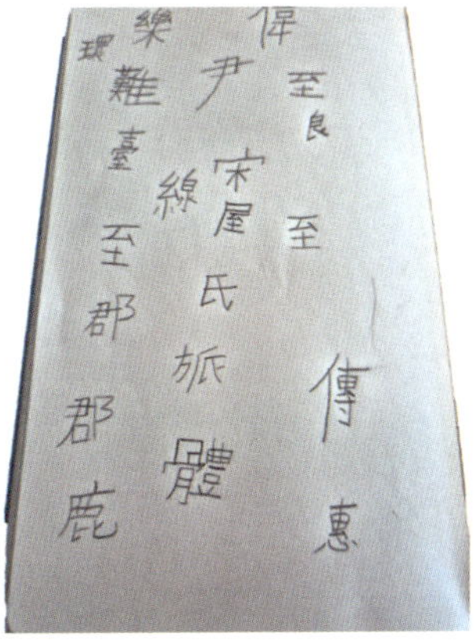

한자 낙서들

재미를 느끼며 필순에 맞게 제대로 쓰니까, 쓰고 익히는데도 속도가 붙어서 4급 시험에서도 상장과 급수증을 동시에 받았다.

너무나 좋아하는 이안이를 보며 급수증과 상장을 받은 소감을 물었더니

"내가 공부를 열심히 한 것 같아서 뿌듯하고 더 열심히 해야 되겠다는 생각이 들어요."라고 한다.

그때부터였나? 이안이는 우리들이 모인 자리에서는 어김없이 한자 질문을 하곤 했다. 자기 부모나 할아버지 할머니가 모를 것 같은 어려운(?) 한자들을 보여 주면서…

요즘은 3급을 공부하고 있는데 어려워하지도 않고 참으로 희한하고 재미있는 한자들을 먼저 알고 나에게 물어 온다. 잘 쓰지 않는 한자의 용례를 찾

아서 우리들을 놀라게 한 경우도 많다. 나는 당연히 모르지만 참 흐뭇하다.

3급이라면 1,800자 정도의 한자를 읽는 것은 물론이고, 1,000자 정도는 한자로 쓸 수 있어야 하는데 힘들 것 같아서 물어봤더니 "책에 있는 것을 천천히 쓰다 보면 재미도 있고 나름 쓸 만해요. 책에 있는 글자들을 따라서 쓰다 보면 글자가 멋지게 나오니까요."

가끔 이안이는 자신이 질문할 때 어른들이 모르면 그 모습이 재미있나 보다.

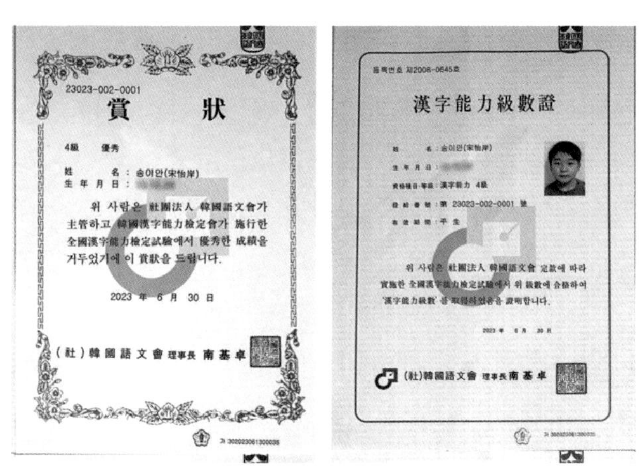

4급 상장 및 급수증

내 이름은 송이안(宋怡岸)

　내가 태어났을 때 부모님이 먼저 '이안'이라는 이름을 지어 주셨다.

　한글 이름으로도 영어 이름으로도 모두 쓸 수 있는 어감이 좋다는 이유에서였다.

　이름과 어울리는 좋은 의미를 가진 한자를 찾다 보니 기쁠 이怡, 언덕 안岸을 찾으셨다고 한다.

　나는 내 이름이 무척 마음에 든다.

　ㅇ이 세 개나 들어있어서 동글동글한 느낌을 주기 때문이다.

“Joyful Hill” “기쁨의 언덕”이다.

내 이름의 일부를 나의 소중한 고양이, 조이(Joy)에게도 붙여 주었다.

제4장

....

한자 공부에 유용한 웹사이트와 앱

요즈음은 네이버 국어사전이 표준국어대사전과도 연동이 되어 있어서 알고 싶은 낱말이 있으면 입력을 하고 입력한 글자를 누르면 한자로 전환이 되고 뜻도 알 수 있다.

아이들이 낱말을 한자로 쓰지는 못하더라도 혼자 공부하거나 책을 읽다가 또는 뉴스를 보다가 새롭게 접하는 낱말들을 사전에서 찾아 그 의미를 파악한다면 문장을 이해하는 데 부족함이 없을 것이다.

그러면 글을 이해하는 힘이 길러져 독서의 즐거움을 느끼게 되고 글을 쓰는 데 필요한 배경지식도 풍부해지지 않을까 생각해 본다.

한자의 급수가 높아져서 그것만이 기쁜 것은 아

니다.

　이안이가 한자 공부를 통해 세상의 학문과 고급 어휘를 익히고, 우리의 역사와 문화, 자연과학 등을 쉽게 이해하며, 모르는 단어가 나오면 옥편이나 국어사전, 네이버 사전에서 찾아보고, 또 그것을 한자로 전환해서 스스로 깨우쳐 가는 모습을 그려 보며 나는 말할 수 없는 희열을 느낀다.

네이버 국어사전

「급수별 한자자격시험 공부 앱」
― 한자교육진흥회

내가 이안이와 가장 많이 사용했던 앱이다.

책이 가까이에 없어도 어디서든지 한자 공부가 가능했다. 차에서도 식탁에서도 동네 벤치에서도 심지어는 침대에 누워서도 이안이와 독음을 같이 읽을 정도였으니까.

이 앱은 급수별로(8급-사범급) 전 과정에 걸쳐 독음 쓰기, 한자 쓰기, 음과 훈 쓰기, 부수의 위치에 따른 명칭 제시, 음과 훈을 모르는 한자의 경우, 한자 직접 입력으로 찾는 방법 등이 담겨 있다. 그동안 이안이에게도 또 나에게도 정말로 고맙고도 유용한 한자 공부 앱이다.

한자 공부 앱

「더 존 한자사전」에서 한자 찾는 방법 1, 2
―「더 존 한자사전」에서 한자의 음과 훈 찾기 ―

1. 한자 직접 입력으로 찾는 방법

[양洋]을 찾으려고 한다.

① 맨 위 상단 좌측, 부수색인 部首索引을 누른다.

② 부수 3획에서 氵(水)部(삼수변부)를 찾는다.

③ 상단에서 氵(水)部(삼수변부) '획수별 이동'에
   서 6을 누른다.

[양] 큰 바다 양-음과 훈이 나오고 양복, 양회 등의
한자어가 나온다.

(음)은 양이고 (훈)은 큰 바다이다.

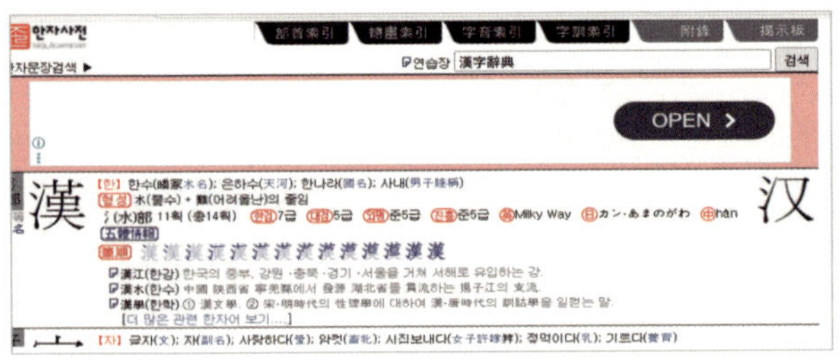

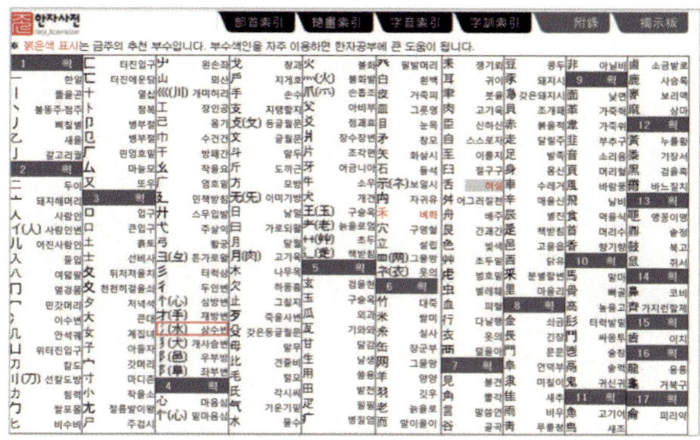

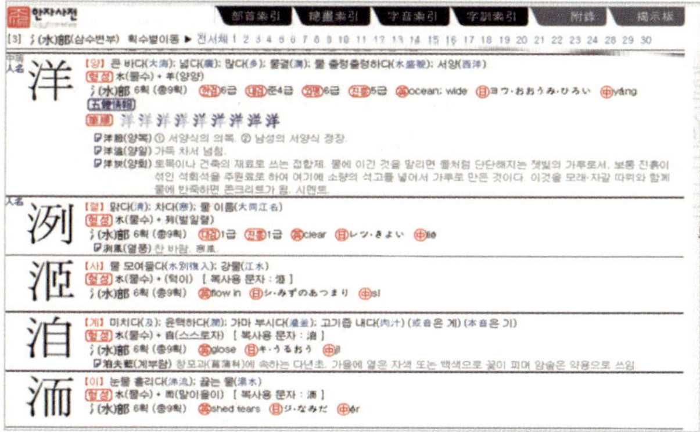

2. 음으로 찾는 방법

① 상단 자음 중 초성 'ㅇ'을 누른다.

② '양'을 누른다.

③ 쭉 내려가면서 양洋과 같은 글자를 찾는다.

[양] 큰 바다 양-음과 훈이 나오고 양복, 양회 등의
한자어가 나온다.

(음)은 양이고 (훈)은 큰 바다이다.

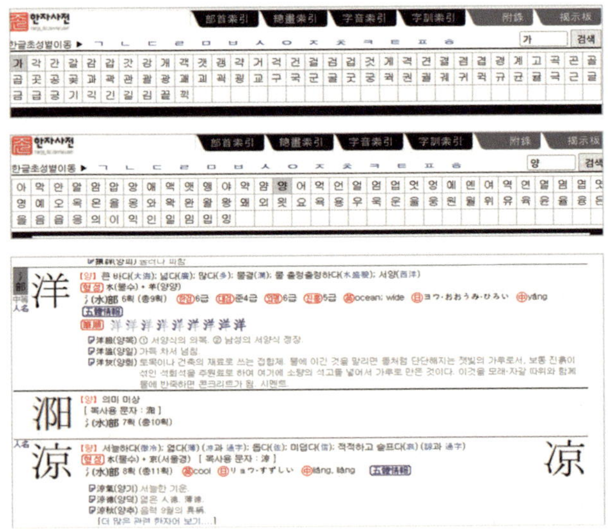

종이 사전과 온라인 사전의 병행 활용

■ 온라인 사전과 모바일 앱 사전은 휴대하기가 편하고 검색하기도 매우 편리하다.

다양한 검색 기능 등을 통하여 부수, 총획, 독음, 용례 등을 알고, 필기 인식 기능 등을 활용할 수 있어서 좋은 점이 많다.

■ 종이 사전은 찾고자 하는 한자 주변의 다른 한자와 한자어도 자연스럽게 익힐 수 있고 찾는 과정에서 집중력을 높여 학습의 효과를 기대할 수 있다.

부수가 같은 한자들이 모여 있으므로 파생되는 한자어들을 많이 알 수 있고 더불어 어휘력과 문해력을 높일 수도 있다. 자신이 찾는 과정에서 메모나 표시한 흔적들을 보면 그 단어가 더 친숙하게 다가

오고 기억에도 더 오래 남을 수 있다.

■ 이 책 앞부분에서 '첫 수업, 부수 공부, 옥편 찾기'(44~46p) 종이 사전으로 한자를 찾는 방법을 소개했다. 그리고 '더 존 한자사전'(78~80p)에서 온라인 사전을 찾는 방법을 소개했다.

상황과 장소, 필요에 따라서 종이 사전과 온라인 사전을 자유롭게 사용할 수 있다면 일거양득一擧兩得이라는 생각을 해 본다.

제5장

부수 공부와 한자어

한자와 한자어(漢字語)

그럼 이 한자들이 우리 말에서 어떻게 쓰이는지 한자어를 찾아보자.

강(江) → 강산, 강변, 강촌, 한강

양(洋) → 서양, 원양, 대양, 태평양, 대서양, 인도양, 양식, 양옥, 양복

해(海) → 동해, 서해, 남해, 해양, 해류, 해일, 항해, 해운, 해협

지(池) → 저수지, 백두산 천지

호(湖) → 호수, 호반, 강호

이안아!

강江, 양洋, 해海처럼 한 글자 한 글자를 '한자'라고 하고 '강산江山, 서양西洋, 해양海洋' 등은 한자가 모여 단어가 되니까 '한자어'라고 한단다.

교(校)와 교(敎)

8급 한자 50개 중에는 학교 교校, 가르칠 교敎가 들어있다. 카드를 늘어놓고 '교실'을 찾아보라고 했더니 학교 교校와 집 실室을 찾는다. 한 글자는 맞고 한 글자는 틀리다고 했더니 이해가 가지 않는 모양이다. 둘 다 학교에 있는 것이니 그럴 수도 있겠다 싶은 생각에 이렇게 설명해 주었다.

학교는 건물 자체를 뜻하니까 건물을 지으려면 나무가 들어가잖아. 그래서 나무 목木이 들어 있는 글자는 학교 교校이고, 교실은 공부를 가르치고 배우는 곳이니까 가르칠 교敎를 쓰는 거라고. 글자에 아들 자子가 들어 있잖니?

한글은 소리글자, 한자는 뜻글자.

한자는 음이 같다 하더라도 이렇게 뜻이 다른 글
자들이 많이 있구나.

문(門) 문(問) 문(聞)

코팅해서 만들어 준 급수(6, 7, 8급) 책받침을 보면서 이안이가 신기한 것을 발견했다고 하며 내게 이야기를 해 준다.

문門 문問 문聞

이 세 글자는 음이 다 '문'인데 뜻은 '문', '물을', '들을'이라고 하면서 말이다.

그러면 뜻이 달라지는 것이 무엇 때문일까? 물었더니 안에 들어간 글자 때문이라고 한다. 이안아, 그게 바로 부수라는 거야. 부수는 뜻을 결정하지.

門문 문 → 정말 문처럼 생겼지?
問물을 문 → 입 구口가 들어 있으니까 입으로 물

어보는 거고,

聞들을 문 → 귀 이耳가 들어 있으니까 귀로 듣는
거란다.

그럼 이 한자들이 들어 있는 한자어도 찾아보자.

문(門) → 정문, 후문, 교문

문(問) → 질문, 문제, 문병

문(聞) → 신문, 견문, 소문

그런 글자들은 또 있단다. 음은 같은데 뜻이 다른
글자들을 찾아보자.

할머니가 적어 볼 테니 이안이가 음과 훈(뜻)을
찾아볼래?

같은 음, 다른 뜻

方　防　房　紡　訪

방(方) 모 방 → 방향, 방위

방(防) 막을 방 → 방파제, 국방, 방범

방(房) 방 방 → 난방, 냉방, 독방

방(紡) 길쌈 방 → 방적, 방직

방(訪) 찾을 방 → 방문, 순방, 탐방

음은 '방'인데 뜻은 모두 다르구나.

부수가 다르니까 말이야.

부수의 명칭

한자 공부에서 부수는 정말 중요하단다. 부수는 글자 속 어딘가에 들어 있고, 뜻을 나타낸단다. 부수를 찾아내면 글자의 뜻을 짐작으로 미리 알 수 있어서 한자 학습의 핵심이라고도 할 수 있어. 할머니가 본 책에서는 부수가 214자 정도야. 그 많은 부수 중 자주 쓰이는 부수를 20개 정도 선택해서 같이 공부해 보자.

"할머니,『부수의 명칭 및 색인』을 보니까 어떤 것은 나무목변, 삼수변, 어떤 것은 선칼도방, 우부방, 큰입구몸, 책받침… 이런 말들이 있어요. 왜 부수마다 이름이 다른 거죠?"

그럼 이번 시간에 부수가 놓인 위치에 따라 이름이 어떻게 달라지는지 알아보자. 그리고 부수가 같은 한자들을 찾아보자. 찾는 것에만 관심을 두고 이 글자가 어떤 뜻의 글자인지 알면 되니까, 획수가 많아서 어렵다고 미리 겁내지 말자.

■ 부수의 위치에 따른 명칭

변: 부수가 글자의 왼쪽에 위치한 경우

氵(삼수변) 예) 江, 洋, 海, 池

방: 부수가 글자의 오른쪽에 위치한 경우

刂(선칼도방) 예) 利, 刊, 劍

머리: 부수가 글자의 위에 위치한 경우

艹(초두머리) 예) 花, 草, 菊, 苗

엄: 부수가 글자의 위에서부터 왼쪽으로 감싼 경우

疒(병질엄) 예) 病, 疾, 癌, 痛

받침: 부수가 글자의 왼쪽에서 오른쪽 밑으로 향

한 경우

辶(책받침) 예) 近, 退, 速, 進

발: 부수가 글자의 밑에서 받치고 있는 경우

灬(연화발) 예) 無, 烏, 然

몸: 부수가 글자를 밖에서 에워싸고 있는 경우

囗(큰입구몸) 예) 國, 回, 圖

제부수: 부수가 독립된 글자로도 쓰이는 경우

어魚, 조鳥, 음音 등

변형 부수

"할머니, 그러면 刀(칼 도)와 刂(선칼도방)은 뜻이 같다고 하셨는데 모양은 다르네요. 그 쓰임이 궁금해요."

이안아, 부수 중에서도 모양은 다르지만 뜻이 같은 변형 부수가 있단다. 예를 들어 볼게.

江(강 강)은 부수가 氵이고, 水(물 수)는 부수가 水란다.

氵와 水는 뜻이 같고 모양만 변형된 부수인 거지. 그러한 변형 부수를 찾아보자.

■ 대표적인 변형 부수 예시

- 扌 → 手(손 수)
- 心 → 忄(마음 심)
- 糸 → 糹(실 사)
- 刀 → 刂(칼 도)

- 犬 → 犭(개 견)

- 火 → 灬(불화 발 또는 연화 발)

비 우(雨), 모양이 다른 친구들

이안아, 네가 구름도 한자냐고 했지? 구름은 순우리말이야. '고유어'라고도 하지.

예를 들면 하늘, 바다, 나비, 옹달샘 등 참 예쁜 말들이 많지?

그럼 구름이 한자로 어떻게 쓰였는지 찾아보자. 구름은 운雲이라고 해. 먼저 부수를 찾아봐야 되겠지? 이 한자에서 부수는 어떤 것일지 이안이가 대답해 보렴.

"아마도 글자 윗부분의 우雨일 것 같아요."

그래, 雨를 『부수의 명칭 및 색인』에서 찾아보자.

雨는 8획이니까 8획에서 같은 모양을 찾으면 우부《雨 部》는 789페이지로 나와 있구나.

거기로 가서 부수 우雨를 뺀 나머지 운云은 획수가 4획이니까, 4획의 여러 한자 중 우리가 찾고 싶은 한자를 찾아보자. 운雲(구름 운)이 나왔지? 뜻은 구름'이고 음은 '운'이라고 읽는단다.

　그러면 비 우雨와 같은 부수가 들어 있는 다른 한 자들도 찾아볼까?

- 눈 설(雪) 3획
- 서리 상(霜) 9획
- 번개 전(電) 5획
- 이슬 로(露) 13획

　"할머니, 여기에 있는 한자들은 거의 날씨와 관련이 있는 것 같아요."

　그래 맞아, 비가 대기 온도와 상태에 따라서 눈도 되고 구름도 되고 안개도 되는 거지. 그래서 한자를 공부할 때 부수가 같은 글자끼리 덩어리로 기억하면 잘 잊어버리지도 않고 오래도록 기억할 수가 있단다.

같은 방법으로 자주 쓰이는 부수 20개를 찾고, 같은 부수를 사용하는 한자도 찾아보았다. 자신이 찾으려는 한자가 옥편에 나와 있는 것을 보며 무척 재미를 느끼는 것 같았다.

부수 중심의 한자 지도(옥편 찾기 지도 시 사용 가능)

부수의 명칭과 의미(Ⅰ)

기본 부수	변형 부수	부수 명칭	부수 의미	해당 한자
⺾	艸	초두머리	풀, 식물	草花菊芝芽苗
扌	手	재방변, 손수	손, 동작	打拍投抗招
氵	水	삼수변, 물수	물과 관련된 동작, 상태	江洋海池
木	朩	나무목	나무의 종류, 물건, 상태	木森林村
月(肉)		달월 (육달월)	신체 조직	肺肝腦腸腎胃肛
疒		병질엄	병, 통증	病疾癌痛
火	灬	불화, 연화발	불의 성질, 상태, 작용	災炎炭烝熱
虫		벌레충	벌레, 짐승	螢蝶蟲蟬
刀	刂	칼도	칼 사용, 베는 동작	分切刷利別刺
冫		얼음빙	얼음, 찬 것	冬冰冷凉凍

부수의 명칭과 의미(Ⅱ)

기본 부수	변형 부수	부수 명칭	부수 의미	해당 한자
尸		주검시	사람 몸, 집, 죽은 사람의 굳어진 몸	尾 尿 屍 居
米		쌀미	쌀, 곡식, 식물	粉 粒 粧 糧 糖
糸	糹	실사	실 종류나 성질. 직물,	絲 紙 紡 細 線
貝		조개패	화폐, 값진 재물	貧 財 貯 貴 賣 買
土		흙토	흙, 대지, 지방	地 城 埋 培 基
犬	犭	개견, 개사슴록변	짐승, 수렵, 짐승 관련 행위	猿 犯 狂 猫
言		말씀언	말과 관련된 행위	討 語 話 訓 訪 談
見		볼견	보다, 시각 활동	觀 覽 視 覺
足	𧾷	발족	발 부위 명칭, 동작, 상태	路 跡 蹴 跳
心	忄	마음심, 심방변	심장, 생각, 감정	思 恩 愁 情 悔

고기 어(魚), 고기잡을 어(漁)

이안아, 이번에 엄마 아빠와 제주도 가서 먹은 음식 중 뭐가 제일 맛있었어? 물으니 '방어회'라고 이야기한다.

"이것도 한자예요?"

응, 그래 우리 물고기 이름 한번 말해 볼까?

방어魴魚, 민어民魚, 청어鯖魚, 홍어魟魚, 은어銀魚, 장어長魚, 전어錢魚, 열대어熱帶魚

아, 그래서 그 많은 물고기 이름 뒤에 고기 어魚가 들어가는구나.

"할머니, 그럼 어부도 고기 어魚겠네요?" 그렇게 생각할 수도 있겠다. 그런데 어부는 고기를 잡는 사람이지 고기가 아니잖아? 그러니까 고기잡을 어漁를 쓰는 거야.

우리 말은 '어'로 소리가 모두 같지만 한자는 다른 글자를 쓴단다.

세상의 온갖 종이는 지(紙)

우리 동네 알파문구에 가면 이안이가 좋아하는 물건들이 너무 많다. 만들기를 좋아하는 이안이가 한지로 조명을 만들려고 재료를 사러 가서 보니, 다양한 종이의 이름이 써 있는 것을 보고 사려던 물건은 뒷전이고 이야기하기에 바빴다. "한지도 한자어예요?"

그럼 그럼, 다른 종이도 찾아보자.

한지韓紙, 도화지圖畫紙, 색지色紙, A4 용지用紙, 백지白紙, 창호지窓戶紙

또 뭐가 있더라

습자지習字紙, 휴지休紙…

이안이는 셀로판지를 사 가지고 와서 손전등에 여러 색을 잘라서 붙이고 가습기를 켰다.

수증기가 나오는 뒤에서 손전등을 비추니 분위기가 너무 환상적이다.

대단해요! 이안!!!

동동동 동화(童話) 속 세상

이안네 가족과 함께 롯데월드 어드벤처를 다녀왔다. 매직아일랜드로 향할 때 이안이는 마치 동화 속 나라 같다며 무척 좋아했다. 나 역시 동심으로 돌아간 기분이었고, 교직 시절 학생들과 같이 온 기억도 나고 내 마음도 한껏 즐거웠다. 돌아오는 차 안에서 이안이와 끝말잇기도 하고 초성이 같은 말도 찾아보는 가운데 내가 먼저 말을 걸었다. 아까 이안이가 동화 속 나라 같다고 했는데 '동'은 한자로 어떤 뜻의 글자를 쓸까? 하고 물었다. "아이 '동'을 쓸 것 같아요." 그럼 동童(아이 동)이 들어가는 한자어를 찾아보자.

동화童話, 동시童詩 동요童謠, 동심童心, 화동花童

이안이도 아빠 친구 결혼식에서 꽃바구니 들고

걸어간 적 있지?

　그렇게 꽃을 들고 가는 아이들을 '화동'이라고 하지.

손자와 기분 좋은 수다 떨기

이안이의 질문은 끝도 없었다. '할머니, 이것도 한 자가 있어요?' 하면서 할머니와 수다를 떨고 싶어서 그네를 타면서도 질문이 끝이 없다.

그네를 밀어 주며 나도 유년 시절의 이야기를 해 줬다. 내 할아버지께서 어린 나를 위해 큰 나무 대문에 그네를 매달아 주셨고 얼마나 나를 예뻐해 주셨는지를…

"할머니, 나도 이다음에 내 아들에게 할머니 이야기를 해 주고 그러겠네요?"

내가 천국에 가도 이안이는 자기 자녀에게 내 이야기를 하겠지?
내가 꿈이 너무 야무진 건가?

아, 참 이 순간이 기쁘고 너무나 귀하다.

"그럼 나한테는 증조할아버지네요. 아니다. 고조
할아버지시다. 다 조祖가 들어가네요."
응, 그렇지.

"할아버지 조. 아하, 조부모도 있네요."
이러는 거다. 그럼 조가 들어가는 낱말은 뭐가 있
을까?

조국祖國 조상祖上 조부祖父
선조先祖 원조元祖 시조始祖

우리 둘은 자주 쓰이는 부수들을 알고 있었기에
말로 한자를 이야기 하며 거기에 다른 부수를 대신
넣으면 어떤 글자가 되느냐고 묻기도 했다. 그네를
타면서 말이다.

바다 해海, 삼수변 氵 빼고 심방변 忄 넣으면 뉘우칠 회悔, 그 부수도 빼면 매양 매每 이런 식으로 말이다.

海 바다 해

悔 뉘우칠 회

每 매양 매

제6장

········

교과서에서 만나는 한자들

수학(數學) 시간, 과학(科學) 시간에도 만나는 한자들

그래, 그래서 한자 잘하는 아이들이 공부도 잘하게 된단다. 학교 수업도 쉽게 따라 하게 되고 어휘력도 생기고 사고력도 길러지게 되는 거지. 책을 읽을 때에도 문장을 잘 이해하게 되고 독해력도 길러지고 말이야.

"할머니, 수학에서 쓰는 말도 거의 다 한자네요."

많을 다多 + 뿔 각角 + 모양 형形 = 多角形

곧을 직直 + 줄 선線 = 直線

나눌 분分 + 셈 수數 = 分數

정말이지 우리들의 이야기는 끝이 없다.

과학 도서를 읽다가 빛의 성질에 대해 내게 말을

걸어온다. 할머니가 알고 있는지 테스트(?)하기 위해서.

학생들에게 가르쳤던 기억이 떠올라서 같이 이야기를 나눴다. 우리는 한자의 음과 뜻을 찾아가며 빛의 성질에 대해 확실히 공부를 했다.

직진(곧을 직直, 나아갈 진進), 반사(돌이킬 반反, 쏠 사射), 굴절(굽을 굴屈, 꺾을 절折)

이 이상 더 무슨 설명이 필요할까?

태양의 복사열을 질문하는데, 지금까지 나는 복사열이란 말을 한자로 써 본 적이 없어서 순간 옥편을 찾아보게 되었다. '복輻은 바퀴살 복'이야 왜 그럴까? 하고 물었다. "태양 빛이 자전거 바퀴살처럼 온 세상을 사방으로 비추잖아요?"라고 말한다.

개구리는 왜 양서류에 속할까?

양兩(두 양), 서棲(깃들 서, 살 서), 류類(무리 류).

아하, 물과 육지 두 곳에서 살아가니까 개구리는 양서류구나.

"할머니, 도道는《길 도》인데 왜 학교에서 배우는 도덕 과목에도 그 말이 쓰이지요?"

길(road)이란 의미뿐만 아니라, 사람이 마땅히 지켜야 할 도리라는 뜻이기도 하지.

어렵게만 느껴졌던 역사 시간(歷史 時間)

나도 어릴 때 역사 공부 시간에 '천도'라는 말이 참 어려웠어. 그때 '옮길 천遷, 도읍 도都'라고 말로만이라도 알려 줬어도 쉽게 이해할 수 있었을 텐데 말이야.

'적석총'이란 말도 4학년 어린이들에게는 어려울 것이다. 쌓을 적積, 돌 석石, 무덤 총塚이라고 말해 주면 아, 그래서 석촌동에 있는 고분의 모습이 돌들을 쌓아 놓은 모습이었구나 하면서 쉽게 이해가 될 텐데…

교과서의 중요한 개념들은 거의 다 한자어로 되어 있다. 개념이 되는 단어들의 한자를 알고 있다면 저절로 깨닫게 되고 잘 이해하게 되니까 오랫동안 기억을 하고 공부가 더욱 재미있어지지 않을까?

출처-국가유산청
석촌동 백제초기 적석총2호 고분

암석(巖石)

"할머니, 아빠 친구 가족들과 산과 바다로 여행을 갔을 때 거기에서 예쁘고 멋진 돌들을 많이 봤어요. 바닷가 가까울수록 돌들이 매끄럽고 작고 더 예뻤거든요. 그런데 과학 시간에 본 돌의 이름은 좀 어려웠어요. 처음으로 듣기도 했고요. 화강암 중에서 이암, 사암, 역암을 보고 직접 만져 보기도 했이요. 어떤 것은 가루가 손가락에 묻어나기도 했고요."

그래 한자의 음과 훈을 알면 이해하기가 조금 쉽겠지?

이암(泥진흙 니(이), 巖바위 암)

진흙이 굳어서 돌이 된 거니까 흙이 묻어날 정도로 부드러웠구나.

사암(砂모래 사, 巖바위 암)

모래가 뭉쳐서 단단히 굳어진 암석.

그러니까 만질 때 꺼칠꺼칠했지.

역암(礫조약돌 역(력), 巖바위 암)

자갈 사이에 진흙이나 모래 등이 채워져 굳은 암석.

그래서 그렇게 울퉁불퉁 했구나.

다양한 생물(生物)

요즘 과학 시간에 어떤 것을 배우냐고 물었다. 생물의 종류를 공부한다고 한다.

말들이 너무나 어렵다고 해서 같이 찾아보자고 했다.

포유류(哺먹일 포, 乳젖 유, 類무리 류)

"사람도 포유류네요. 강아지도요. 젖을 먹여 키우잖아요." 더 찾아볼까?

"돌고래도 포유류네요?"

파충류(爬긁을 파, 蟲벌레 충, 類무리 류)

"다리가 없거나 짧아서 주로 땅을 기어다니고 살아가는 동물들이네요."

뱀이나 악어처럼.

"모든 새의 이름에는 거의 조鳥가 들어가네요."

백조, 타조, 조족지혈(새 발의 피)

여러 가지 직업(職業)

학교에서 현장학습을 갔는데 '키자니아'를 다녀왔다고 한다. 이안에게 거기에서 어떤 것을 보고 어떤 활동들을 했는지 물어봤다.

먼저 먹는 이야기부터 시작했다. "천하장사 소시지도 먹고 오뚜기 회사의 다양한 제품들도 봤고, 도시락도 같이 만들었다"고 하며 신이 났었다.

여러 가지 직업에 대한 것을 체험하는 부스들이 있어서 친구들과 여기저기 다니면서 활동을 했다고 한다.

2층에 올라가서 소방과 관련된 여러 가지 장비들도 봤고 그 안에서만 사용할 수 있는 돈도 사용하면서 매우 재미있었다고 한다.

그런데 ~업, ~업 이런 글이 아주 많이 보여서 궁금하기도 했다고 한다.

일과 관련된 것에는 업業(일 업)이 들어간단다.

농업農業, 공업工業, 어업漁業, 산업産業, 직업職業, 영업營業, 사업事業 등

민중봉기(民衆蜂起)

이안이는 우리 집에 오면 책장을 잘 살핀다.

특히 한자 관련 책이 있는 곳을 더 잘 본다.

몇 년 전에 구입한 이명학 교수님의 책 '어른이 되어 처음 만나는 한자'를 보게 되었는데 너무나 재미있나 보다. '양말이 한자라니, 용수철이 한자라니' 그러더니 44페이지에 나와 있는 분장을 보다가 "할머니 나 이 말 알아요." 그런다.

어떤 말인데?

'봉기蜂起 → 벌떼처럼 일어나다'라고 적혀 있었다.

어떻게 아느냐고 물어보니 동학혁명 민중봉기 사건을 이야기해 주었다.

아이고! 신통한 녀석, 기특하기도 하지.

눈에 잘 띄지도 않던데 그 말을 어떻게 찾아냈지?

발전(發展), 발전(發電)

오늘 학교에서 어떤 공부가 재미있었느냐고 물었다.

과학 시간에 발전에 대해 배웠다고 해서 우리들이 알고 있는 '발전'이라는 말에 대해 서로 이야기를 나눴다.

발전發展 → 더 좋은 상태나 높은 단계로 나아가다.

발전發電 → 전기를 일으키다.

두 번째 발전發電이 오늘 과학 시간에 공부한 말이에요.

그럼 전기를 일으키는 방법을 알아볼까?

화력발전 火力發電

수력발전 水力發電

풍력발전 風力發電

조력발전 潮力發電

불, 물, 바람의 힘으로 전기를 일으키는 것인데 조력이란 말은 조금 어렵지 않니?

조력발전 潮力發電
조(潮)는 밀물 조
조수 간만의 차(밀물과 썰물 때의 수위의 차)를 이용하는 수력발전.

그러면 간만이란 한자어 뜻도 알아보자.

(간만 干滿 → 간조와 만조를 아울러 이르는 말, 간조 때는 물이 빠져나가고, 만조 때는 물이 꽉 차게 들어오는 현상)

'이런 방법으로 모르는 것을 찾아가며 공부하면 잊어버릴 수가 없겠는걸.'

계주(繼走) 선수

시월의 하늘은 높고 푸르다. 아이들은 예쁘고 그 모습들이 너무나 싱그럽다. 학교에서 가을 운동회가 열렸는데 손자 이안이가 계주 선수로 뽑혔단다. 내가 학교에 근무하던 때는 먼저 각 반에서 달린 후에 최종으로 반 별 계주 선수를 뽑는데, 그 일이 그렇게 감격스럽지는 않았다. 흔하게 늘 있는 일이었으니까.

그런데 이번에는 상황이 다르다. 내게는 너무 예쁜 손주라서…

할아버지도 아빠도 사무실에 나가지 않고 아침부터 학교 내빈용 천막에 자리 잡고 앉아 있었는데 그 모습을 이안 엄마가 보내 줬다.

온 힘을 다해 뛰는 이안이를 보며 마냥 행복해했
었다.

이틀 뒤 한자 공부하려고 다시 만났을 때, 잘 달
렸다는 칭찬과 더불어 '계주'라는 말을 내가 먼저
꺼냈다.

계주를 한자로 어떻게 쓰는지 알아보니 계繼(이
을 계), 주走(달릴 주). 사전에 이렇게 나와 있었다.
음과 훈을 읽더니 바로 이해가 되는 모양이다.

"아, 그래서 주자들이 바통을 넘겨 주며 이어서
달렸구나."

그럼 계繼를 옥편에서 찾아보자. 먼저 어떤 부수
일지 찾아볼까?

왼쪽의 사糸(실사변)에서 찾으면 '이을 계'가 나
오고, 한자어들을 찾아보면,

계주 繼走, 계승 繼承, 인계 引繼, 중계 中繼, 계속 繼續

계주 선수

제7장

외국에서 온 단어(單語)들

양말(洋襪)

이명학 교수님의 책 24페이지에는 어떤 70대 어르신이 편지를 보내셨다는 내용이 있다. 죽기 전에 양말(洋襪)의 뜻을 알게 해 주어 고맙다는 내용이다.

사실 나도 그분처럼 그 말이 한자어인지 처음 알았다.

우리는 하늘나라 갈 때까지 공부하고 또 공부하고 모르는 것이 있으면 찾아보고 깨우치고 그렇게 살아야겠다.

이안아, 할머니가 이다음에 너한테 뭘 물어보거든 알기 쉽게 잘 설명해 줄래?

대답은 확실히 받아 놓았으니 일단은 안심이 된다.

나는 딸에게도 자주 이런 말을 한다. 똑똑한 딸이 내게 세상의 변화하는 다양한 모습들과 일들에 대해 이야기해 줄 수만 있다면 나는 더디 늙어 갈 것 같은 생각이다.

적어도 내 머리는.

양(洋)

그러면 서양에서 들어온 것은 어떤 것들이 있을까?

양과洋菓, 양옥洋屋, 양복洋服, 양식洋食, 양궁洋弓

양궁은 서양식으로 만든 활인데 올림픽 때마다 우리나라 선수들이 멋진 활약을 하고 있지. 양궁 선수들이 우승하는 장면은 TV에서 보고 또 봐도 좋더라.

그리고 이안이가 읽는 역사책에도 나오던데 '신미양요, 병인양요.' 여기에서 양洋은 '큰 바다 양'이고 서양을 뜻하기도 해. 요擾는 '어지러울 요'라고 해.

그러니까 신미양요는 신미년에 미국군이 강화도를 침공한 사건이고, 병인양요는 병인년에 일어난 프랑스군의 조선 침공 사건이야.

"그럼 임진왜란은 왜 양洋이 안 들어 갈까요? 외국이 침략한 전쟁인데요."

그건 일본에 의해서 침략당한 거니까 일본을 낮춰서 부른 말 '왜倭'를 넣었어.

임진壬辰년에 일본(왜倭)에 의해 일어난 전쟁(란亂)이니까.

임진왜란!

나라가 힘이 약하니까 별의별 나라들이 우리 땅에 쳐들어온 거지. 나라를 잃은 민족들이 서러움을 당하는 것을 이안이도 책에서 많이 봤을 거야.

호떡(胡떡)

호떡은 중국에서 한국으로 전래해 유행한 음식이다.

호胡는 오랑캐를 뜻하는 한자로 호떡은 '오랑캐가 먹던 떡'이라는 의미이다. 우리나라에서는 여진족을 호胡라고 불렀다.

호떡에서 쓰이는 호胡처럼 우리말에서 호는 '중국에서 들어온'이란 뜻을 더하는 접두사로 쓰이고 있다.

호각, 호콩(땅콩), 호밀, 호두 등도 같은 예일 것이다.

제8장

....

생활 속에서 사용되는 한자들

생활(生活) 속 한자어들

"와우, 이런 말들도 다 한자네요."

여기에 우리들이 맛있게 먹는 음식들 이름이 나와요. 잡채, 탕수육, 삼계탕…

운동 종류, 악기 종류, 학교에서 공부하는 과목들 이름도요. 그리고 나라 이름, 영어 문법에서 사용했던 말들도요.

그 아래에는 가족과 친척을 부르는 이름들과 하늘, 땅, 바다에서 탈 수 있는 교통수단들도요.

"우리들이 쓰는 말 거의 다가 한자네요."

와와!

생활 속 한자교실

음식

糖水肉	蔘鷄湯	雜菜	飯饌	野菜
탕수육	삼계탕	잡채	반찬	야채
全鰒粥	鰱魚	粉食	果汁	菓子
전복죽	연어	분식	과즙	과자

운동

排球	籠球	蹴球	野球	水泳
배구	농구	축구	야구	수영
射擊	洋弓	足球	氷上競技	
사격	양궁	족구	빙상경기	

악기

管樂器	絃樂器	打樂器	鍵盤樂器	合唱
관악기	현악기	타악기	건반악기	합창

교과 과목

道德	國語	數學	英語	社會
도덕	국어	수학	영어	사회
科學	音樂	美術	體育	實科
과학	음악	미술	체육	실과

영어 8품사

名詞	代名詞	動詞	形容詞	副詞
명사	대명사	동사	형용사	부사
接續詞	前置詞	感歎詞		
접속사	전치사	감탄사		

나라 이름

古朝鮮	部族國家	三國時代	高句麗	百濟
고조선	부족국가	삼국시대	고구려	백제
新羅	高麗	朝鮮	近代史	現代
신라	고려	조선	근대사	현대

가족 친척

父母	子女	祖父母	姑母	姑母夫
부모	자녀	조부모	고모	고모부
姨母	姨母夫	兄弟	三寸	四寸
이모	이모부	형제	삼촌	사촌

교통수단

自動車	飛行機	旅客船	汽車	地下鐵
자동차	비행기	여객선	기차	지하철
道路	航空	海上	鐵道	電鐵
도로	항공	해상	철도	전철

성경(聖經)도 한자네?

이안이는 아침마다 할머니가 읽는 성경책이 자기도 갖고 싶었나 보다. 민트색 바탕에 귀여운 동물들이 그려져 있는 어린이 성경책을 사 줬더니 한동안은 푹 빠져서 읽곤 했다.

할머니 이 성경책에는 많은 제복과 이름늘이 나오는데 "그것들도 한자예요?" 하고 묻는다. 나도 이 기회에 공부하면 좋겠다 싶어서 사전, 옥편, 성경책을 펼쳐놓고 이안이와 같이 찾아봤다.

창세기創世記, 출애굽기出애굽記, 레위기, 민수기民數記, 신명기申命記, 여호수아, 사사기士師記, 룻기, 사무엘상上, 열왕기상列王記上, 에스라, 느헤미아, 시편詩篇, 잠언箴言, 마태복음福音, 로마서, 고린도전서前書…

이안아, 성경 66권의 이름을 찾아보니까 한자도
있고, 사람 이름도 있고, 지명地名 이름들이 있구나.

선교사에 의해 중국성경이 이 땅에 들어왔다는
기사도 있고.

연일 폭염(暴炎)

이안이와 같이 거실에서 TV를 보는데 뉴스에서 연일 폭염이 이어지고 있다는 내용을 전한다. 전 세계가 몸살을 앓고 있는 모습도 보여 주면서.

"할머니, 폭염도 한자로 쓸 수 있어요?" 그럼, '폭'暴은 사납다는 뜻이야. '염'炎은 불꽃, '폭염'은 매우 심한 더위를 의미한단다.

사납다는 의미의 '폭'이 들어가는 말들을 날씨에서 찾아보자.

폭우暴雨, 폭설暴雪, 폭염暴炎, 폭풍暴風

그 외에 이런 말들도 있지.

폭력暴力, 폭식暴食, 폭군暴君, 폭등暴騰, 폭정
暴政…

정말이지 좋은 의미는 하나도 없는 말들이네.

폭력暴力, 폭식暴食, 폭군暴君, 폭등暴騰, 폭정
暴政…

정말이지 좋은 의미는 하나도 없는 말들이네.

매매(買賣)

"할머니, 동네 상가에서 '부동산 매매'라는 말을 봤어요. 같은 음이 두 개라서 신기해서 찾아봤거든요. 매賣(팔 매), 매買(살 매), 이렇게 나와 있는데 두 글자가 조금 헷갈려서요."

그러게 나도 헷갈린다. 우리 어떻게 하면 혼농하지 않고 한자를 정확히 잘 쓸 수 있을까? 이안아, 네가 타던 자전거를 당근마켓에서 팔았다고 했지? 그런 경우, 돈을 많이 받고 팔고 싶어? 아니면 적게 받고 팔고 싶어?

"당연 팔 때 많이 받고 싶죠."

살 때는?

"돈을 적게 주고 사면 좋죠."

그러면 획수가 많은 것은 판다, 획수가 적은 것은 산다. 오케이? 이제는 헷갈리지 않겠지?

손에 닿는 한자의 쓰임

하루는 이안이가 고모 방에 들어갔나 보다. 영어는 익숙한데 저기 있는 낯선 글자가 뭐냐고 질문하길래, 프랑스어라고 이야기해 주었다.

국어國語, 영어英語, 프랑스어 프랑스語, 일본어日本語…

아하, 사람들이 하는 말에는 거의 어語가 들어가는구나. 그 순간은 적어도 이 모든 것을 이안이가 스스로 깨닫는 시간이 되었다.

TV에서 손흥민 선수가 멋진 모습으로 골을 넣는 모습을 보았다. 축구도 한자냐고 묻는 질문에 당연하지. 축구는 공을 차는 운동이잖아. 그래서 찰 축蹴, 공 구球라고 알려 줬다. 공 운동에는 공 구球가다 들어가지.

한번 볼까?

야구野球, 축구蹴球, 탁구卓球, 농구籠球, 수구水球

"그럼 테니스는요?" 그 말은 외래어란다.

아하 그렇구나.

"할머니 방에 있는 첼로는 한자로 뭐라고 해요?"

아니, 그것은 외래어야. 한자로 쓸 수가 없지.

그럼 이번엔 악기의 종류에 대해 알아보자. 줄로 연주하는 것, 손으로 두드리고 치는 것, 건반을 누르는 것, 입으로 부는 것 등이 있는데 어떤 악기들이 있는지 말해 보자.

- 줄로 연주되는 악기: 기타, 바이올린, 첼로, 비올라, 만돌린 등은 줄 현鉉 → 현악기絃樂器
- 손으로 쳐서 연주되는 악기: 큰 북, 작은 북, 팀파니, 마림바 등은 칠 타打 → 타악기打樂器
- 입으로 부는 악기: 클라리넷, 트럼펫, 리코더, 대금, 단소 등은 대롱 관管 → 관악기管樂器
- 건반을 두드려서 연주되는 악기: 피아노, 아코디언 등은 건반鍵盤 → 건반악기鍵盤樂器

나는 관현악을 연주하는 오케스트라의 모습을 이안이에게 보여 주었다.

동네 산책을 나갔는데 초등학교 담 주위로 무궁화가 많이 피어 있었다.

이 꽃 이름도 한자로 쓸 수 있냐고 하기에 그렇다고 하니까 자신의 손바닥을 펴며 써 보라고 한다. 획수가 많은 한자라서 얼른 네이버 사전에서 한자를 찾아서 보여 주었다.

네이버 사전 너무나 땡큐!!!

우리는 산책을 하다 말고 가까운 벤치에 앉아서 꽃 이름을 말하고 사전을 찾아보았다. 무궁화, 국화 이야기를 하다가 이안이가 그럼 노랗게 피는 국화는 나라 국이냐고 묻길래 아니, 국화 국菊을 쓰는 거지 하며 알려 주고 말을 계속 이어 갔다.

무궁화無窮花, 국화菊花, 수선화水仙花, 목련화木蓮花, 장미薔薇, 백합화白合花, 수국水菊, 매화梅花, 작약芍藥, 동백冬柏, 연꽃蓮꽃, 황매화黃梅花, 백일홍百日紅, 난초蘭草, 호접란胡蝶蘭, 분꽃紛꽃 등.

"학교에서 공부하는 과목이 참 많아요. 그 과목들도 한자겠네요?"

이안아, 학교 시간표 좀 가지고 와 볼래?

"와, 우리가 배우는 모든 과목 이름이 다 한자어
네요."

도덕道德, 국어國語, 수학數學, 사회社會, 과학科
學, 음악音樂, 미술美術, 체육體育, 실과實科 등.

이안이는 영어학원에서 어떤 공부를 할 때가 재
미있어? 그리고 힘든 부분은 어떤 공부를 할 때야?
물으니 앞의 질문에는 답이 없고 문법이 힘들다고
말한다.

이안이가 한자를 잘 알면 문법도 이해가 빠를 텐
데 하는 마음으로 8품사를 찾아보았다.

8품사에 공통으로 들어가는 말이 사(詞, 말씀 사)
라는 것도 알려 주었다.

명사名詞, 대명사代名詞, 동사動詞, 형용사形容

詞, 부사副詞, 전치사前置詞, 접속사接續詞, 감탄사
感歎詞 등.

명사의 명名, 이름 명이니 사물의 이름은 다 명사
로구나.

동사의 동動, 움직임을 나타내는 말이 동사로구나.
명사나 대명사 앞에 놓이니까 앞 전前, 전치사이
고, 앞 문장과 뒷 문장을 이어 주니까 이을 접接 접
속사로구나.

"할머니, 설민석의 이 책, 너무 재미있어요. 요즘
사회 시간에 고려시대를 공부하고 있는데 그 내용
이 여기에 있어요."
그래? 그럼 나라 이름과 시대를 한번 알아볼까?

고조선古朝鮮, 부족국가部族國家, 삼국시대三國
時代, 고구려高句麗, 백제百濟, 신라新羅, 고려시대

高麗時代, 조선시대朝鮮時代, 근대近代, 현대現代.

오늘은 고모의 생일날.

이안이는 고모보다도 가까이 계신 이모들을 더 자주 만난다.

"할머니, 고모나 이모도 한자예요?"

그럼. 이번에는 가족, 친척 관계를 알아볼까?

부모父母, 조부모祖父母, 고모姑母, 고모부姑母夫, 이모姨母, 이모부姨母夫, 형제兄弟, 삼촌三寸, 사촌四寸, 외삼촌外三寸, 외숙모外叔母.

"와, 다 한자네요. 한자!!!"

"할머니네 동네는 광장이 넓어서 자전거 타기가 참 좋아요."

이안이는 하루 한 차례씩 자전거 타는 것을 참 좋아했다.

"자전거도 한자예요?"

그럼, 스스로 자自, 구를 전轉, 수레 거車, 차車(차 또는 거)라고 읽기도 해. 한자에서는 같은 글자를 다른 음으로 소리 내는 경우도 있단다. 그럼 탈 것, 교통수단과 길에 대해 말해 볼까?

자동차自動車, 비행기飛行機, 여객선旅客船, 지하철地下鐵, 도로道路, 항공航空, 해양海洋, 철도鐵道, 전철電鐵.

[참조] 생활 속 한자교실 *133~134p

제9장

한자 공부를 통해 얻어지는 것들

이안이가 만든 국어사전

3학년 때 국어 시간에 국어사전을 만드는 일이 있었는데 자신은 아는 한자를 많이 넣어서 만들고 싶었단다.

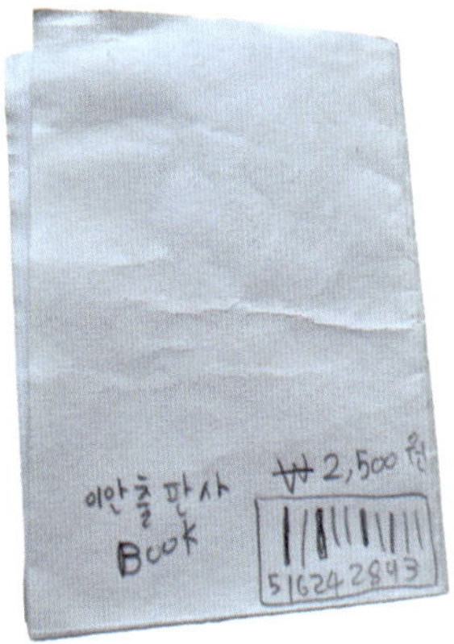

국어사전

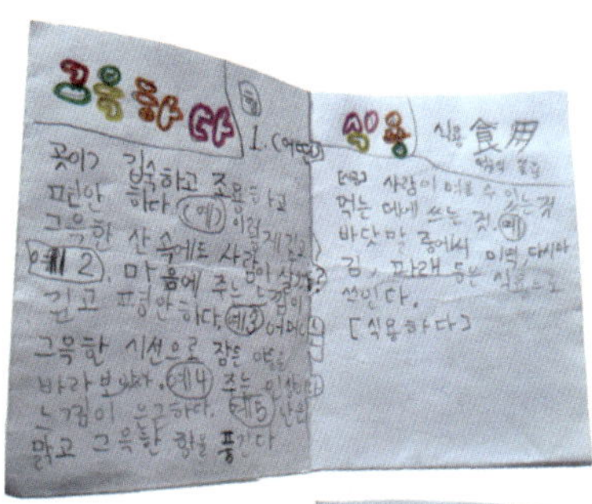

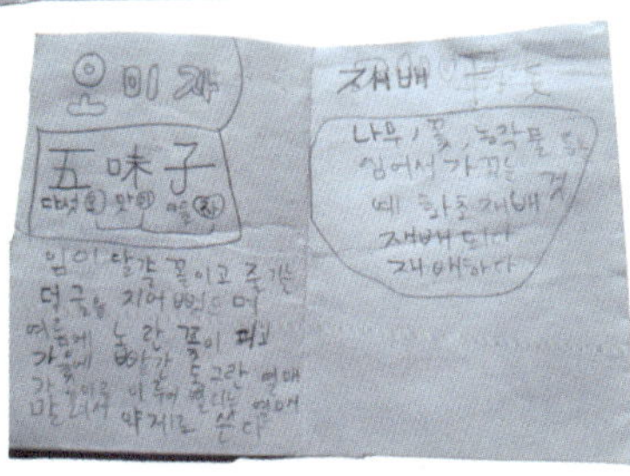

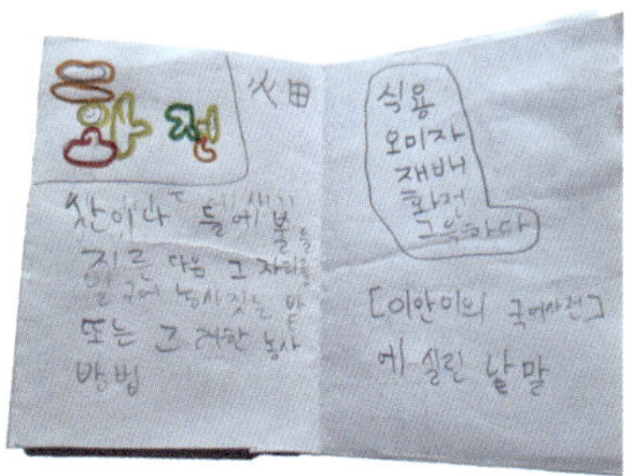

오미자, 식용, 화전 등을 쓸 수 있었는데, '재배'가
한자로 생각이 나지 않아서 여러 차례 고쳐 보고 결

국은 못 썼다고 아쉬워했다.

아직 3학년이고 할머니와 한자 공부한 지 한 달도 되지 않았는데 아는 한자를 이용해서 사전을 만든 이안이가 기특하고 대견하다.

획수가 많은 한자는 어떻게 공부할까?

"할머니, 획수가 많은 글자들이 많던데, 그것을 기억하려면 어떻게 하면 되나요?"

이안아, 장난감을 가지고 놀 때처럼 생각해 보자. 글자를 분해해 볼까?

그런 다음 다시 합체해 보는 거야. 이안아, 한자를 파자破字하는 것 알지?

깨트릴 파(破), 글자 자(字)

그럼 목숨 수壽를 파자해 보자.

사土, 일一, 공工, 일一, 구口, 촌寸

어때? 이안이가 모두 알고 있는 글자들이지? 이걸 다시 합체하면 목숨 수壽가 되는 거지.

이안아, 획수가 많다고 겁을 낼 필요가 없어. 분해했다가 다시 합체하면 되니까.

'몰입교육'이란 이런 것인가? 아이가 한자에 푹 빠져서 그것만 생각하는 것 같다. 자기 스스로 한자를 파자破字하여 자료를 만들어 내게 보여 주었다.

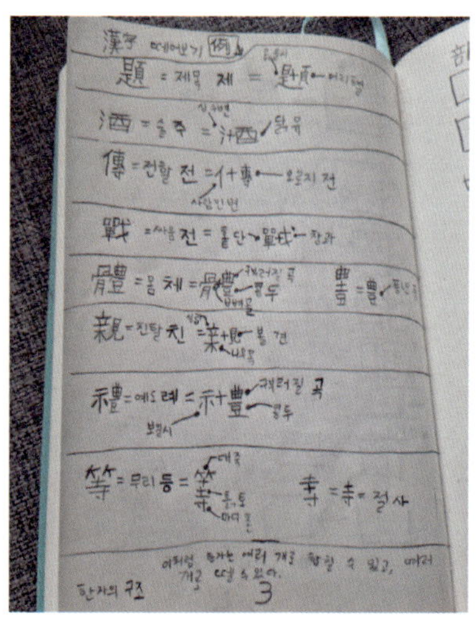

한자 분해, 부수 공부, 파자

자기주도학습의 시작

시작은 할머니가 하게 했지만 아이가 너무나 재미있어하고 스스로 하는 것, 아침에 일어나면 옥편을 찾고 옥편을 갖고 노는 것(?) 등 결국 자기주도학습이 이런 것이구나 하고 생각하게 된다.

어떤 이야기나 책을 읽을 때, 이해가 빠르고 생가이 꼬리에 꼬리를 물 듯 확산적 사고로 이어지게 된다.

역사책을 읽다가 무용총, 수렵도라는 글을 읽어서 혼자 사전을 찾아봤는데 수렵狩獵이란 한자를 써 보았단다. 어려운 단어를 한자로 써 보니 뿌듯하고 정말 획수도 많고 복잡한 글자같이 느껴졌다고 내게 말한다.

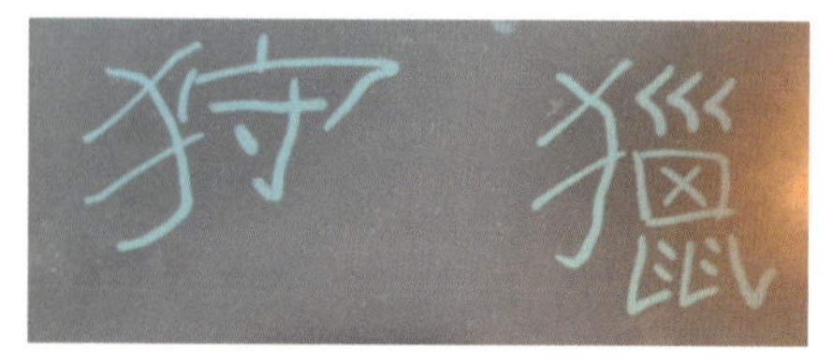

한자 낙서

‘4학년 아이가 저런 말도 하네. 한자를 공부함으로 이 모든 것이 가능하게 되는구나’ 그 모습이 참으로 경이롭게 느껴지기도 했다. 재미도 느끼고 스스로 하게 될 때 그 느낌은 배가가 되는 것 같다.

이런 공부를 하면서 할머니와 게임하듯 자주 대화하고 또 내 손자의 발달 단계가 어떤지도 알게 된다.

학원 차를 기다리면서 끝말잇기도 하고, 핸드폰으로 사자성어, 초성게임 등을 할 때는 얼마나 재미있었던가?

5학년 사회 시간에 ‘희소성의 원리’라는 말이 나왔다고 한다. 선생님께서 "이안아, ‘희’자가 무슨 뜻이냐" 하셔서 ‘드물 희稀’라고 말씀 드리니까 칠판에 한 번 나와서 써 봐라 하셨다면서 너무나 신이 나고 학교 가는 것이 재미있다고 한다. 그다음 말은 해서 뭣하리.

할머니의 존재감이 뿜뿜 발하는 순간이었다.

부수를 익히고 옥편을 찾아가면서 공부하는 이 방법이 처음에는 더딘 것 같지만 나중에는 스스로 통찰이 이루어지고, 문리文理가 터득이 되면 결과로 나타나는 것들이 기하급수적으로 폭발이 일어난다.

혼자서 얼마든지 공부가 가능하고, 부담을 느끼지도 않고 재미있게 공부하게 될 것이다.

더디 가더라도 한자의 구성 원리, 구조, 쓰임 등을 깨닫고, 재미를 느끼다 보면 그때부터 저 스스로가 발동이 달린 것처럼 공부하게 될 것이다.

속도보다는 방향이 먼저인 것처럼.

넌 학교 공부에서 어느 시간이 가장 재미있니?
"체육, 미술, 점심시간."
이렇게 말을 하길래
한자 시간은?
하고 물었더니 한자는 게임 같은 거란다. 그렇게
재미있는데 공부라고 할 수도 없단다.

혼자서 고사성어 책을 읽었다면서 개과천선改過
遷善에 대한 이야기를 내게 들려준다.

'진나라에 주처라는 사람이 있었는데 그의 아버지
가 돌아가신 후 성격이 매우 사나워졌다고 해요.
그래서 모두가 그를 싫어했는데 어떤 노인을 만
나 교훈을 얻은 후 훗날 훌륭한 학자가 되어 존경을
받았다'는 이야기라면서…

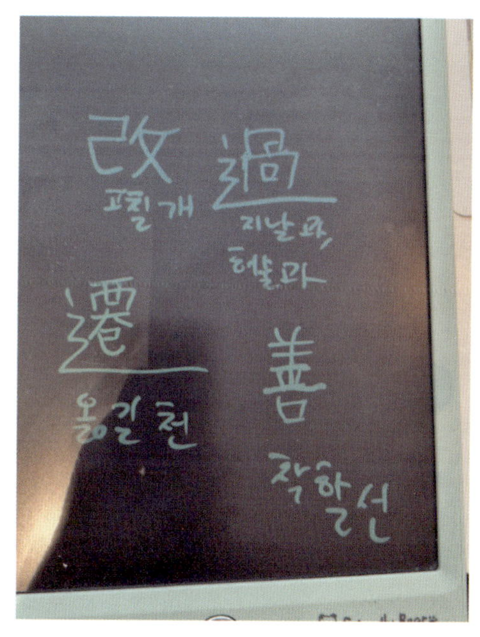

한자 낙서

덤으로 얻은 조어력(造語力)

미국 변호사인 고모가 스타트업을 시작했다. '누벨루미' 고모의 명함을 주니까 자신이 뜻을 생각해보겠다고 하며 망설임 없이 이렇게 만들었다.

누벨루미 累培累美(누배루미)

뜻意: 여러 개累의 씨앗을 심고 가꾸면培 여러 개累의 꽃이 피어 아름답다美는 뜻

門前成市(문전성시)
激勵(격려)
應援(응원)
by 宋怡岸 씀

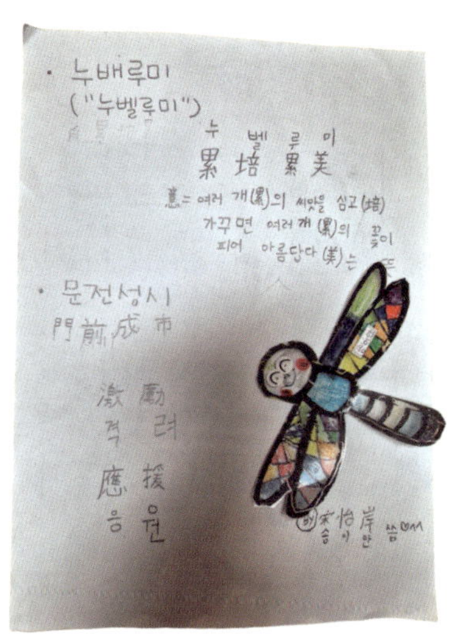

생각지도 못했던 기발한 아이디어이다.

프랑스식 발음인 기업의 이름에 걸맞는 비슷한 음을 이용하여 적절한 뜻을 지닌 한자를 찾고, 비슷하게 소리 나도록 만들어 주다니…

또 고모를 격려하고 응원한다니…

너무나 귀해서 이안이가 만든 글을 오랫동안 거실 한쪽에 붙여 놓고 볼 때마다 감동(?)하곤 했다.

나 혼자서만 누리는 진한 기쁨이랄까?

겁도 없이 수능 한문 시험지 들여다보기

나는 생각지도 못했는데 이안 엄마는 2024학년도 수능 제2외국어 한문 영역 시험지를 구해 왔다. 그 중 1~23번까지 3페이지를 풀어 보게 했는데 23개 문제 중 19개를 맞췄다.

나도 놀라고 가족 모두가 놀랐다.

대단한 이안이!!!

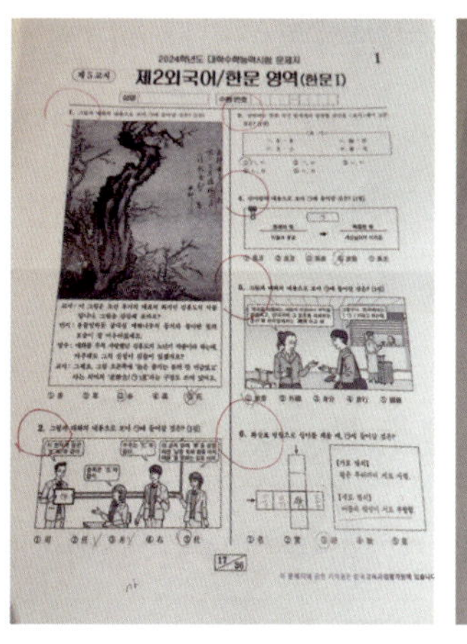
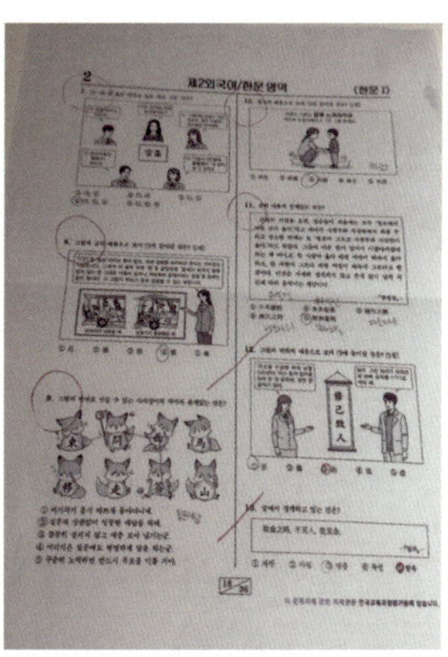

수능 한문 시험지

이안이가 뽑은 쓰임 많은 한자들은?

"제가 생각하는 자주 쓰이고도 신통한(?) 한자들은요. 지날 과過, 확실할 확確, 응할 응應이에요. 이 글자들은 많이 쓰이고 활용되는 단어들도 많아서 유용한 것 같아요."

이 한자들은 이안이의 입장에서 뽑은 글자들이라서 선정 이유를 나는 살 모르겠다.

- 지날 과(過)

과정, 과거, 과격, 과도, 과로, 과실, 과유불급, 경과

- 확실할 확(確)

확고, 확실, 확답, 확신, 정확, 명확, 확립, 확보

- 응할 응(應)

응급, 응답, 응용, 응원, 반응, 적응

그게 재미있다고? 말도 안 돼!

이안아, 너는 할머니와 한자 공부를 할 때 재미있었던 것이 어떤 것들이야? 하고 물으니 의외의 말이 나왔다.

"시험 볼 때요. 7급 한자 시험 볼 때 할머니가 음과 훈을 가리고 한자를 보여 주며 음과 훈을 말해 보라고 하실 때요. 그리고 3급 문제집 뒤에 있는 2급 한자를 쓰는 것도 재미있었어요.

책에 필순이 잘 나와 있고 순서대로 쓰면 균형도 맞고 글자가 예뻐서 더 잘 쓰게 돼요."

뭐라고? 시험 볼 때가 재미있고 어려운 한자를 쓸 때가 재미있었다고?

난 좀 이해(?)가 안 되었지만, 어쨌든 흐뭇하고도 감격스러웠다.

겁도 없이 3급에 도전한다고?

2023년 12월. 이안이가 3급 한자 급수 시험에 도전을 했다.

할머니로서 이 시험을 보라고 적극 권하지 않았었다. 4학년인 이안이가 그 어려운 어휘들을 익히고 한자로 모두 쓸 수 있어야 하는데, 역부족일 것 같았고 괜히 아이에게 실망스런 결과를 가져다줄 것만 같아서였다.

이안에게 '3급 도전은 네가 선택하는 거야.'라고 말해 주니까 나를 빤히 쳐다보면서 "당연히 준비해야죠." 이러는 거다. '이 녀석이 그렇게 욕심이 많이 있었던 아이였나?'

이번에는 준비하는 기간을 길게 잡자고 1년을 제안하니까 '그건 너무 길다'고 하며 시험을 보겠단다. 다른 것에는 이렇게 욕심을 부리지 않던 이안이인데…

며칠 후 이안 엄마가 문자를 보내왔다. 이안이 점수가 있는 부분을 캡처해서…

"이안이 3급 떨어졌어요. 105점이 합격 커트라인인데 98점이에요. 제가 이야기 잘 해 볼게요."라고.

그게 너무나 어렵지. 4학년인 이안에게는 더더욱 그렇겠지. 그래도 독음과 훈음은 거의 다 맞혔네. 나하고 풀었던 기출문제보다 여섯 배는 어려웠다고 해서 힘들었겠다 했는데…

이안이의 마음이 많이 내려가지만 않으면 좋겠다.

그래도 어디야. 98개 맞혔는데.

대단해요. 우리 이안이!!!"

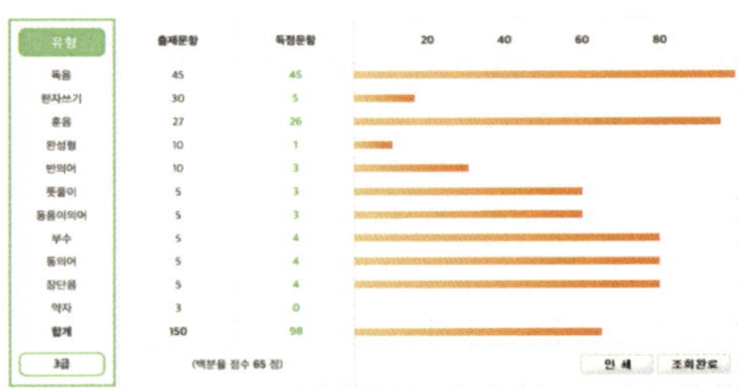

유형	출제문항	득점문항	20	40	60	80
독음	45	45				
한자쓰기	30	5				
훈음	27	26				
완성형	10	1				
반의어	10	3				
뜻풀이	5	3				
동음이의어	5	3				
부수	5	4				
동의어	5	4				
장단음	5	4				
약자	3	0				
합계	150	98				

| 3급 | (백분율 점수 65 점) | | 인 쇄 | 조회완료 |

3급 한자 급수 시험 결과표

이안이는 다시 도전해 보겠다고 했단다.

이 시험이 그렇다.
어휘력에도 개인의 정도 차이는 있겠지만, 교육부에서 고등학교까지의 필요한 한자를 괜히 1,800자로 지정해 놓았을까?

4학년 어린아이가 음과 훈을 쓸 수 있다고 해도 제시한 글, 마치 논설문이나 설명문 같은 일부 문장에서 한글로 된 낱말을 한자어로 전환해서 쓴다는 것은 너무 힘들 것이다.

아들 내외에게도 3급을 너무 급하게 서두르지 않았으면 좋겠다고, 좀 더 자란 다음에 시도해 보자고 내 생각을 이야기해 주었다.

제10장

여행지에서 만난 한자들

이안 가족의 대만 여행(旅行)

2023년 2월 겨울방학 때 이안이가 외할머니와 엄마와 함께 대만 여행을 다녀왔다.

길거리에서 《遠東國際商業銀行》《원동국제상업은행》이란 간판을 읽을 때 외할머니께서 '와 대단하

다. 3학년인데 이 어린 나이에 저런 한자를 다 읽는 게 신기하고 놀랍고 대견하다'고 칭찬해 주셨다.

얼마나 한자가 재미있었으면 여행 배낭에 옥편을 넣어 가지고 가서 호텔 침대에서도 한자 공부를 했다.

자기 나름의 자료를 만들어서 한자의 구조를 설명하고 파자破字를 해 보고 그것을 자료화했다.

누가 시키지도 않았는데 호텔 방에서 만들었단다.

대만은 중국처럼 간체자를 사용하지 않아서 거리의 간판마다 본인이 읽을 수 있다는 점이 좋았던 모양이다. 어른들께 그런 모습을 보이고 칭찬도 받았다.

'스펀'이라는 철도 마을에 방문했을 때에는 붓글씨를 배운 적은 없었지만 엄마가 "너 한자를 잘 아니까 한 번 써 볼래?" 하고 권유하자 천등에 '평안', '건강', '행복' 같은 한자어를 직접 써서 띄우기도 했단다.

천등을 날릴 때 어떤 기분이었는지 물으니, 내가
쓴 저 글이 하늘에 닿아서 좋은 일들이 많아지기를
바라는 마음이었다고 말한다.

대만 여행

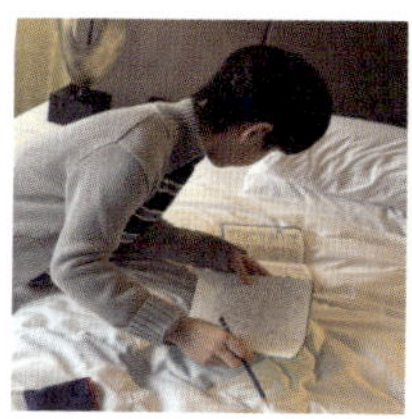

대만 호텔

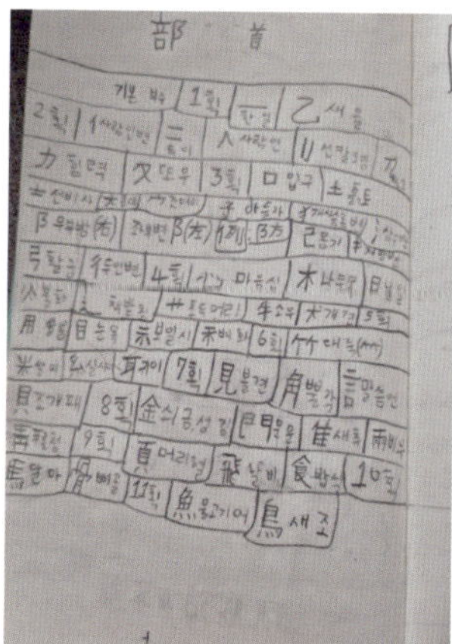
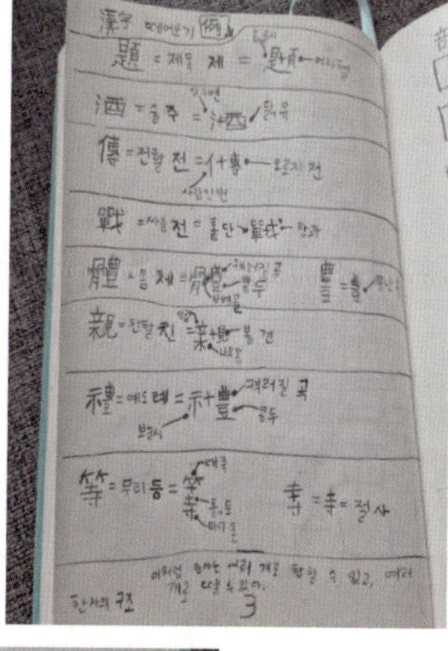
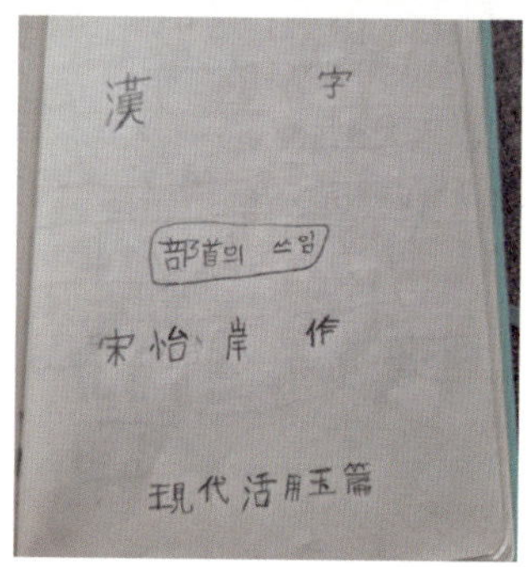

부수 공부, 파자

천등 날리기

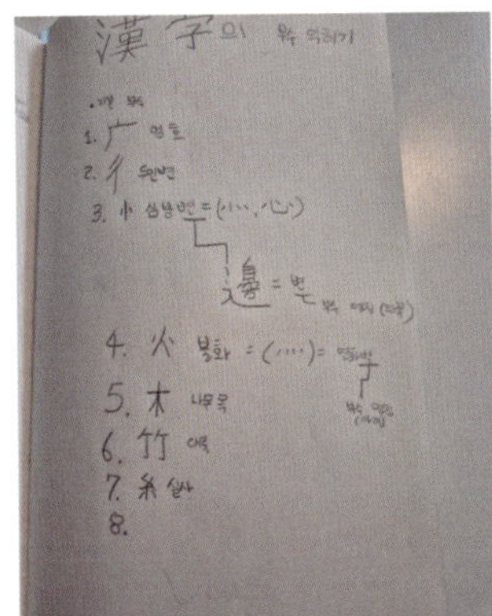
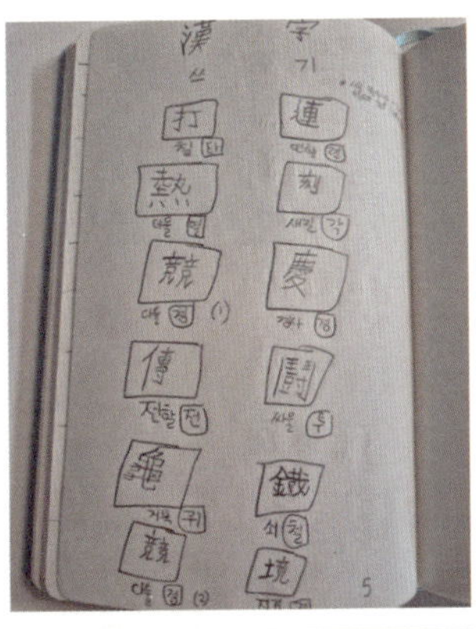
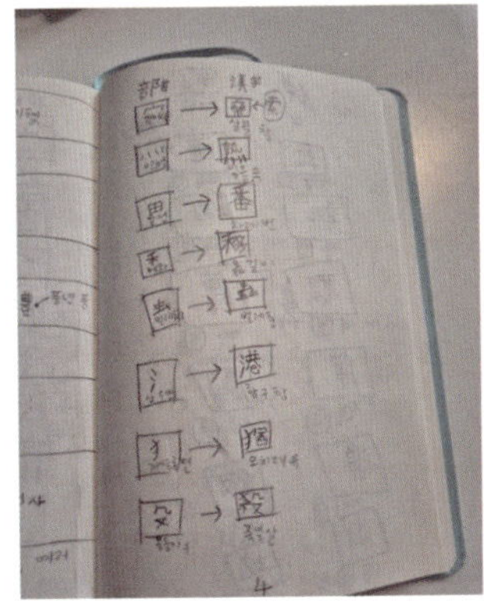
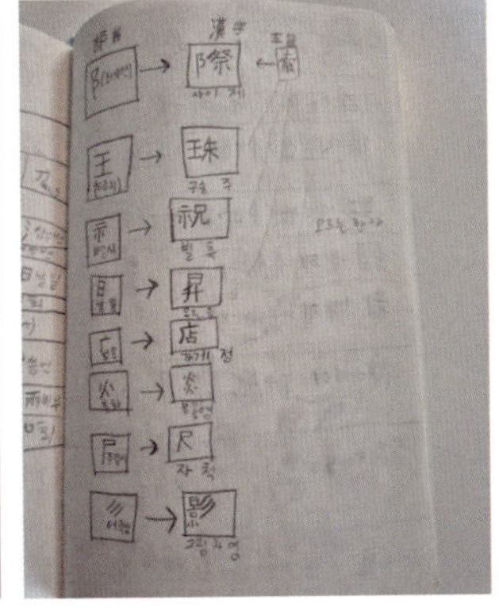

한자 분해

한 아이가 성장하려면 적절한 타임에 적절한 사건을 만나면서 가지고 있던 자신의 에너지와 관심이 증폭되면서 빠른 속도로 성장해 가는 것 같다는 생각이 들었다.

이안에게는 대만 여행이 그런 기회였던 것 같다.

외할머니께서 대만에서 사 주신 붓으로 열심히 한자 쓰기에 열중하는 이안이 모습을 보니 그저 예쁘기만 하다. 한자에 대한 열정이 식지 않고 계속 이어지면 좋겠다는 바람을 해 본다.

한자 붓글씨

참으로 고맙고 감사한 시간이었다. 손자와의 한자 공부 시간이 나와 이안이의 많은 것을 바꾸어 놓았다.

대충문(大忠門)

이안이가 대만 여행에서 본 대충문의 규모가 너무나 크고 계단도 매우 높고 웅장해 보였다고 했다.

문이 마치 성城처럼 생겼고 신기해서 숙소에서 그림을 그렸다고 나에게 보여 주었다.

나도 궁금해서 이안이와 함께 인터넷 검색을 했다.

대충문은 중정기념당에 있는 통로이자 출구인데 문이 세 개다.

장제스의 본명은 '중정中正'이다.

'아, 그래서 중정기념당이구나' 89세로 돌아가셨는데 그분을 기리기 위해 계단을 89개로 만들었다고 했다.

이안 가족의 북해도 여름휴가(休暇)

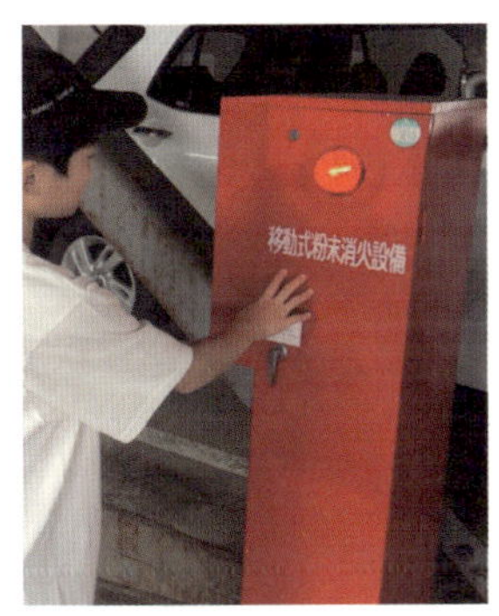

이안이가 일본 여행을 다녀왔다며 사진을 보여 주면서 이야기꽃을 피운다.

한자에 관심이 많은 터라 사진을 보면서 기억들을 떠올리며, 자신이 아는 한자에 대해 말하고 나는 이것저것 물어보았다.

이안아, 이 사진은 어떤 내용일까?

"가루로 된 소화 장비인가 봐요. 주차장 화재 발생 시에요."

그다음 사진은 뭐니?

"염분이라고 써 있고 아래에는 매미梅味라고 써 있는 것을 보니 짭짤하고 매화 맛도 나는 사탕일 것

같다고 짐작을 했어요.

실제로 먹어 보니 소금 덕분에 약간 짭조름했고요. 향도 났어요. 제가 예상한 맛이었어요.

할머니, 한자를 아니까 혼자서도 그 뜻을 해석할 수 있어서 참 좋은 것 같아요.

할머니, 제가 일본말은 할 줄 몰라도 가족들과 일본 여행하며 돌아다닐 때 여기저기에 적힌 간판이나 표지판을 읽을 수 있어서 더 신나고 제가 이런 말을 하면 엄마, 아빠도 좋아하시니까 저도 기분이 좋았어요.

가는 길에 엄마한테 읽어 줬어요. 《공사 중 서행》이라고. "아빠 천천히 가세요."라고 했는데 그다음에는 《도로 폭 감소》라고 써 있어요."

"아빠, 공사 중이라서 도로 폭도 좁아졌으니까 천천히 가세요."라고 말했단다.

"할머니, 저는 폭幅이라는 글자를 처음에는 버금 부副와 혼동했어요. 그래서 비슷한 한자라도 서로 음과 훈이 확실하게 다르니까 유의해야겠어요."

이안이는 이런 의젓한 말을 해서 나를 또 기쁘게 했다.

"여기는 톨게이트예요. 일반 승용차는 《일반》이라 고 써 있는 여기로 가고, 트 럭이나 화물차 등은 여기 로 올 수 없다는 내용이에요."

《一旦停車》 일단정차

"그 아래에는 요금料金, 지支라고 적혀 있으니까 일본어는 중요한 말의 단 어가 대부분 한자로 되어

있어요.

일본어를 읽을 수는 없어도 대충 뜻을 알 수 있었거든요.

대만에 갔을 때도 같은 생각을 했어요.

요금을 내기 위해서 일단 차를 멈추라는 거예요.

산으로 들어가려는데 《대설산 국립공원, 욱일건설 관리부》《곰熊 출몰주의》라고도 써 있어요.

그리고 그 옆에는 곰이 출몰하는 정보도 알려 준다고 하는 내용 같아요.

그림이 그려져 있어서 확실하게 알 수 있네요."

이안아, 웅熊은 곰 웅이잖아.

그럼 불화 발灬 대신에 《마음 심心》을 넣으면 어떤 글자일까? 《모양 태態》心을 빼면 《능할 능能》이 되는 거지.

《곰 웅熊》-《모양 태態》-《능할 능能》

"한자는 재미있어요. 글자에서 부수를 다르게 하거나 획을 빼면 또 다른 글자가 되니까요."

《濕地の植物》습지의 식물

"등산을 갔는데 이런 글자들이 있었어요. の는 '~의'라고 해석하라고 아빠가 알려 줬어요. 만약 내가 한자를 몰랐으면 이 식물들이 어디에 사는 식물들인지 몰랐을 거예요. 내 주변에서는 이런 식물들을 아직 보지 못했어요.

마치 희귀식물 같은 생각이 들었거든요."

《刃物專門》인물전문

"할머니, 첫째 글자는 칼날 인이에요. 그래서 실제 칼들을 많이 진열해 놓았구나 하고 들어갔는데 이

가게에는 매우 고급스럽고 비싼 칼들이 많았어요.
칼만 파는 이런 가게는 처음 와 본 것 같아요."

《餃子製造所》교자제조소

"교자라는 글자는 읽을
줄 알겠는데 뜻을 잘 몰라
서 네이버 국어사전에서 찾
아봤어요. 교자의 뜻은 밀
가루 따위를 반죽하여 소를
넣어 빚은 음식이라고 적혀

있는데 중국 음식점에서 본 딤섬 같기도 해요.

할머니, 삿포로 이곳저곳에 다니면서 가장 많이

본 한자는 찰황'札幌' 이 글
자인데요. 뜻은 '삿포로'일
것 같은데 정확히 읽지는
못했어요."

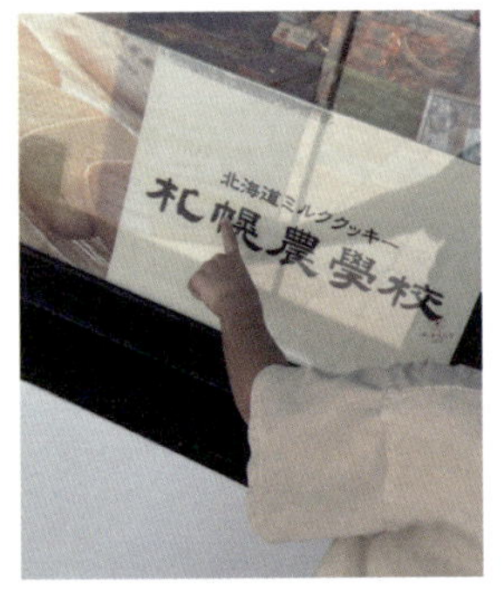

그럼 찾아볼까? 아, 편지
찰, 휘장 황이구나.

황幌은 휘장이라는 뜻인데, 이안이가 한 번 글자를 풀이해 볼래?

"파자해 보면, 수건 건巾, 일日, 광光이네요. 태양 빛이 강하게 비치니까 수건으로 가린 것 아닐까요? 그것이 휘장이겠지요."

역시 이안! 할머니 생각도 그래.

"할머니, 한자의 세계는 알아갈수록 놀라운 것 같아요. 파도 파도 끝이 없는 것 같거든요.

한자가 만들어진 것이 기원전 1,300년이라고 했으니까 3,000년도 넘잖아요. 그때도 획수가 많은 한자들을 파자破字가 가능하도록, 해석이 가능하도록 생각하면서 만들었을까요?"

아이구! 이 녀석아, 할머니 능력이 부족하여 잘 모르겠다.

전주 한옥(韓屋) 마을

　이안이가 엄마, 아빠와 전주 한옥 마을을 다녀와서 내게 많은 사진들을 보여 줬다.

　한옥 마을 내에서 전통놀이로 사방치기, 투호놀이, 제기차기 등 무척 재미있었다고 하며 음식도 맛있었다고 자랑이 한창이다.

전주시 공식 블로그

잠은 근처에 있는 단독으로 된 한옥에서 잤는데 그곳은 너무나 아름답고 예뻤다고 한다.

다음에는 할머니와 같이 가고 싶다는 기특한 말도 아끼지 않는 이안이다.

그래도 한자 공부는 빼놓을 수 없겠지? 사전에서 '한옥'을 찾아보자.

韓屋(韓 나라 한, 屋 집 옥)

이 '한'이라는 글자가 나라이름 '한'이라고 했으니까 우리나라의 전통을 뜻하는 말을 찾아보자.

'한'이 들어가는 말에는 어떤 것들이 있을까?

한국, 한옥, 한식, 한과, 한지, 한복, 한우

우리나라 이름은? 한국韓國

우리나라 전통 가옥은? 한옥韓屋

우리나라 전통 음식은? 한식韓食

우리나라 전통 과자는? 한과韓菓

우리나라 전통 종이는? 한지韓紙

우리나라 전통 옷은? 한복韓服

우리나라 소는? 한우韓牛

가족 여행에서 만난 한자의 즐거움

2023년 1월 3일 겨울.

아들 가족과 우리 부부 다섯 명이 제주도 여행을 갔었다. 제주도 가는 비행기 안에서 할머니와 같이 앉고 싶다고 하여 내 옆에 이안이가 앉았는데, 글씨를 쓰고 싶다고 해서 가방 속에 있는 작은 수첩을 주었더니 비행기飛行機를 한자로 써서 내게 보여준다.

획수도 많은 한자인데 녀석, 잊어버리지도 않았네.

렌트카로 이동하는 중, 끝말잇기 게임을 하고 있었다.

이안이의 입에서 사자성어, 수준 높은 고급 어휘들이 마구 쏟아져 나와서 우리 모두는 놀라고 감탄했다.

가족들의 칭찬과 격한 반응으로 아이는 더욱 신

이 났고 우리들의 기대에 부응(?)이라도 하려는 듯 대화 속에서도 맥락에 맞게 어휘들을 적절하게 사용하였다.

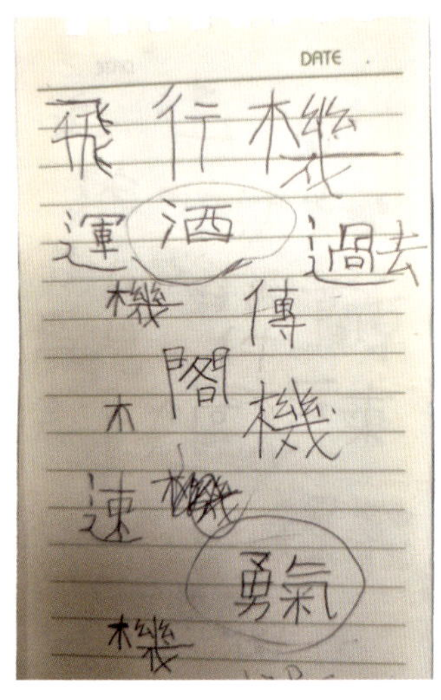

제주도행 비행기 안에서 메모

　내가 손자와 한자 공부를 하기 전까지는 그렇게 오버쟁이인 줄 정말 몰랐다.

　손자 덕분에 나도 모르는 숨어 있는 나를 발견한 느낌이다.

짧은 단어, 작은 몸짓 하나하나에도 거의 엄청난 반응을 해 주었으니까.

2024년 6월 가평 설악면 아난티.

딸의 생일파티를 그곳에서 하고 1박을 했었다. 고모와 함께하는 여행이라서 이안이도 신이 나 있었다.

자기 부모와 같이 잘 줄 알았는데 할머니와 잔다고 하여 나는 마치 생각지도 않았던 보너스를 받은 기분이었다.

아침에 일어나자마자 우리 둘은 침대에 누워 이야기꽃을 피웠다. 한자 이야기만 했다. 아난티 숙소의 천장 장식이 격자무늬였는데, 이안이는 그걸 보면서 천장에서 한자를 찾아내고 있었던 거다.

글 장章, 날 일日, 달 월月, 밝을 명明, 가로 왈曰, 일곱 칠七, 열 십十⋯

이렇게 행복해도 되는 거야? 자기 엄마하고도 안 자고 할머니인 나와 자겠다니… 아들에게 물었다. 왜 이안이는 나와 자주 자겠다고 하는 거니? 라고.

아들은 "엄마랑 한자 이야기 하고 싶어서 그러지요"라고 말한다.

부수를 공부했기에 책이 없어도, 쓰지 않아도 말로 하면 서로 통했다. 그 말이 어떤 한자를 말하고 있는지를…

"할머니는 왜 달력에 메모할 때 한자를 써요?" 이런 질문을 한 적이 있다. 이 녀석은 내 방에서 별것을 다 봤나 보다. 메모한 것까지 읽는 것을 보면 "응 한자를 자꾸 쓰지 않으면 아는 것도 잊어버리게 되니까 자주 쓰려고 노력하고 있어"라고.

이안이의 한자 실력이 나날이 느는 것 같다고 하

니 "일취월장 日就月將"이라고 말하며 얼른 한자로 써서 내게 보여 준다. 이런 손자가 있어서 나는 매일 기쁘다.

우리 집에서 하룻밤을 자는 날은 이안이, 고모, 할머니 셋이서 밤이 늦도록 이야기꽃을 피웠는데 나중엔 사자성어로 끝말잇기를 하자고 졸라서 내가 잘할 것 같아 시작했는데 웬걸, 순발력 있게 답을 하지 못했다.

할머니는 머리가 중고품이라서 그래 이안아. 했더니 "아니에요. 할머니는 골동품이에요" 그런다. 역시 이안이!!!

제11장

신기하고도 재미있는 한자의 세계(世界)

이상하고 재미있는 한자들

이안이가 아침에 일어나서 세수도 하기 전, 허공에 지휘하듯 글자를 쓰면서 소파에서 옥편을 가지고 노는 모습을 보며 이안 엄마가 이렇게 물었다고 한다.

"옥편을 보면 뭐가 그리 좋으냐"라고.

"옥편을 보면 새로운 것을 알게 되어서 좋아요. 재미있는 한자도 많고요. 내가 궁금한 것이 옥편에 다 나와 있으니까 신기하고, 우리들이 사용하는 말들을 한자로도 바꿀 수 있다는 게 정말 정말 재미있어요. 그리고 일상생활에서 자주 쓰이는 한자도 있고요. 글자의 모양 자체가 뜻을 말해 주는 것도 같아요. '답답할 울鬱'을 보면 그 글자가 정말 내 마음을 답답하게 만드는 것 같아요. '벽壁'을 보면 한자를 많이 쌓아 놓아서 마치 벽을 형상화한 것 같아서

이 글자가 창의적이라고 생각해요. 대궐 闕은 너무
나 어렵고 복잡해서 헷갈릴 수가 있어요.”

이안이가 내게 재미있는 한자들을 알려 주었다.

자신이 뽑은 한자들이라면서. 기준이 무엇인지
나는 모르지만…

악어 악鰐, 뱀장어 반鰻, 새우 하蝦, 게 해蟹, 고양
이 묘描, 사냥할 렵獵, 미끄러울 활滑, 짙을 농濃.

나도 이 녀석 덕분에 게 해蟹, 악어 악鰐 이런 글
자를 70살 가까이 되도록 세상 처음 만나 봤다.

쌍둥이 한자들

"할머니, 요즘은 수학 문제집에도 한자가 많이 나와요. 수학 용어에도 한자어가 정말 많은 것 같아요. 도형이라는 글자도 재미있어요. 그림 도圖, 이 글자에는 네모가 많이 들어가 있잖아요."

그럼 같은 모양이 여러 개 들어 있는 한자들을 찾아보자.

蟲 炎 双 品 森 轟

"할머니, 같은 글자가 2개, 3개씩이나 들어가니 너무 재미있어요. 음과 훈도 알려 주세요."

蟲 벌레 충, 炎 불탈 염, 双 쌍 쌍, 品 물건 품, 森 빽빽할 삼, 轟 수레소리 굉.

나도 굉轟, 이 글자는 처음 봤다. 너도 한 번 찾아 보렴. 이 외에도 재미있는 한자들이 많이 있단다.

짐작하여 뜻 알아내기

이안아, 다음에 있는 글자들은 어떤 뜻인지 한 번 짐작해 볼래?

糞, 尿, 尾, 泄, 活, 砂

糞 → 두 부분으로 분해해 보면 쌀 미米, 다를 이異

쌀로 지은 밥을 먹었는데 다른 모습으로 나오네? 그게 뭘까?

"아, 알았다. 똥이에요. 똥!"

그래서 똥 분糞이라고 해.

尿 → 尸는 주로 사람의 몸을 뜻하는 부수인데, 그 안에 물 수水가 있구나.

"사람의 몸에서 나오는 물, 혹시 콧물, 눈물?"

아니 더 많이 나와. "아, 오줌이다 오줌."
그래서 오줌 뇨尿.

尾 → 앞의 글자와 똑같은 부수구나. 그 속에 털 모毛가 있네. 동물의 뒤꽁무니를 생각해봐. 거기에는 꼬리털이 있잖아 그래서 꼬리 미尾.

泄 → 두 부분으로 분해해 보면 氵삼수변, 세상 세世
물이 세상 밖으로 나오네. 그래서 샐 설泄 , 싸다, 설사하다.

活 → 두 부분으로 분해해 보면 氵삼수변, 혀 설舌
혀에 물(물기)이 없고 메마르면 어떻게 될까? "살 수 없겠죠."
그래서 살 활活.

砂 → 두 부분으로 분해해 보면 돌 석石 , 적을 소少

돌이 작게 작게 부서지면 뭐가 될까?

"아, 모래다." 그래서 모래 사砂.

친숙하게 한자 들여다보기

"꿈틀거릴 준蠢. 이 글자 정말 재미있지 않아요?"

봄 춘春 아래에 벌레虫 두 마리.

봄이 되니 벌레들이 땅 밑에서 꿈틀꿈틀 밖으로 나오려고 하잖아요. 나도 이안이 덕분에 세상 처음으로 이 재미있는 한자를 알게 되었나.

악어 악鰐, 힐굴오아詰屈聱牙. 이런 글자를 아느냐고 내게 물어온다.

야! 이놈아, 내가 그걸 어떻게 아냐.

"할머니. 비 우雨자는 비가 정말 똑똑 떨어지는 것 같지 않아요?"

그래, 그렇구나. 그럼 이번엔 겨울 동冬을 한번 볼까? 추운 날 겉옷 위에 목도리를 두르고 있는 것 같지? 여기 앞 단추도 보이고.

“그러네요, 할머니.”

이렇게 말도 안 되는 말을 가지고 한자에 그 의미를 붙여 가면서 수다를 떨곤 한다.
그러면 어떠랴!
아이가 잊어버리지 않고 재미있게 공부하면 그만 아닌가?

··········

제12장

미술관에서 만나는 한자

대한독립(大韓獨立)

엄마와 덕수궁 중명전을 다녀왔단다.
을사늑약이 체결된 곳.

그곳에서 이안이는 얼마나 분개했고 답답했을까.
아마도 비장한 마음으로 썼을 '대한독립' 이 글을
써서 내게 보내 왔다.

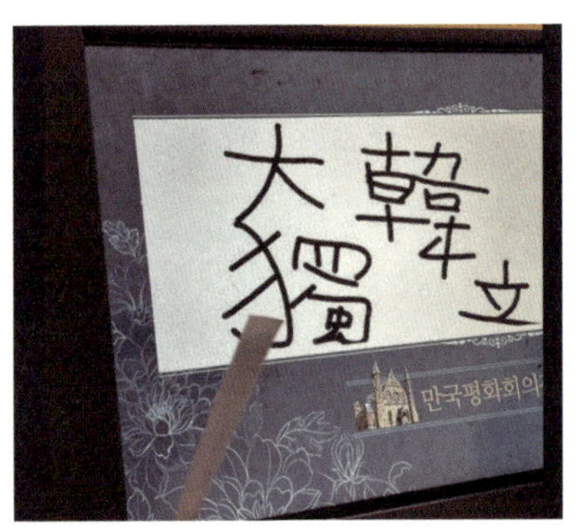

중명전 대한독립

호암미술관(美術館)

이안이가 호암미술관에 가서 겸재 정선의 그림을
보고 왔다며 사진을 보여 준다.

금강산, 노송영지도, 인왕제색도, 비 온 뒤에 마치
안개가 자욱한 산의 풍경도 나타낸 그림도 있었고
또 다른 그림에는 고양이, 다람쥐, 개구리 등도 있
었다. 그림에 한자도 많고 그림도 너무나 멋지다고
하면서. 거기 나와 있는 한자 글씨체가 멋진데 읽기
가 어렵다는 말도 함께.
아마도 행서나 초서로 써 있어서 그랬는가 보다.

거기 있는 글 중에 '풍표표이취의'라는 말이 있는
데 한자의 뜻이 시적이고 멋지다고 표현한다. 생전
처음 보는 한자라고 하면서 말이다.

녀석, 자기가 얼마나 살았다고 생전 처음이라니.

찾아보니 이런 글자였다. 도연명의 '귀거래사'에 나온 시의 한 구절인 것 같았다.

風飄飄而吹衣(풍표표이취의)
바람은 한들한들 옷깃을 스쳐 가네

이런 어렵고 자주 사용하지도 않는 글자를 읽지 못하면 어떠하랴.

아이가 미술관에 가서 조선시대 화가들의 글과 그림을 만나고 느끼고 생각하며 호기심을 갖고 더 많은 공부를 하고…

나는 이런 예술적 경험을 다양하게 시켜 주는 며느리가 너무나 고맙다. 성장하는 모습들이 갑자기 눈에 띄는 것도 아니고, 아이가 별안간 지식이 늘어

나는 것은 아니어도 우리의 고급문화를 접하고 전
통을 사랑하며 예술을 향유하고 고매한 인격을 지
닌 어른으로 성장할 수 있다면 무엇을 더 바랄까?

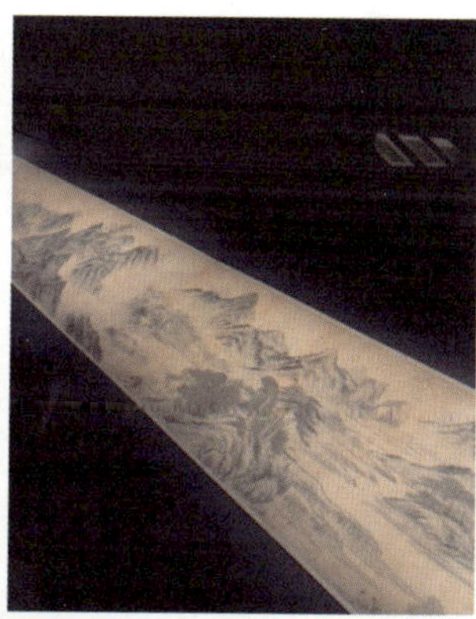

제13장

사자성어 공부

사자성어(四字成語) 재미있게 공부하기

일상에서 자주 사용되는 사자성어를 100개 정도를 찾아 학습 자료로 만들어 주었다. 네 글자의 한자의 음과 훈을 찾아 쓰게 한 후, 두 글자씩 해석을 해 보라고 한 뒤 나중에는 네 글자를 합하여 직역을 하게 했다.

그 후에는 의역도 하도록 도와주고 이 사자성어가 삶에서 적용되는 예를 함께 찾아보았다.

각골난망 刻骨難忘 간담상조 肝膽相照
감언이설 甘言利說 개과천선 改過遷善
격세지감 隔世之感 견물생심 見物生心
견리사의 見利思義 경거망동 輕擧妄動
결자해지 結者解之 결초보은 結草報恩

錦上添花(금상첨화)

옥편에서 음과 뜻을 찾아보면,

비단 금(錦), 위 상(上) → 비단 위

더할 첨(添), 꽃 화(花) → 꽃을 더했다

→ (직역) 비단 위에 꽃을 더한다.

이안이 가정에서의 예를 들어 보자.
→ (적용) 아빠가 회사에서 승신하신 날, 니도 한 자 급수 우수상을 받았네. 좋은 일이 겹쳤네요.

이안이가 그린 "금상첨화"

刻骨難忘(각골난망)

새길 각(刻), 뼈 골(骨) → 뼈에 새긴다

어려울 난(難), 잊을 망(忘) → 잊기 어렵다

→ (직역) 뼈에 새기는 것은 잊기 어렵다.

은혜를 많이 입은 사람을 생각해 보렴.

→ (의역) 받은 은혜가 너무 커서 뼈에 새기는 것처럼 잊지 않는 것

이안이가 그린 "각골난망"

이안이가 갑자기

"할머니, 각골난망이에요"라고 한다.

"왜?"

"나한테 이렇게 재미있는 한자를 그냥 가르쳐 주시잖아요."

"야! 이놈아, 그럼 손자에게 공부 가르치고 돈 받는 할머니도 있냐?"

靑出於藍(청출어람)

푸를 청, 날 출, 어조사 어, 쪽 람

→ (직역) '쪽에서 뽑아낸 푸른 물감이 쪽보다 더 푸르다는 뜻'

→ (의역) 제자나 후배가 스승이나 선배보다 나음을 비유적으로 이르는 말

 * 쪽 : 한해살이풀, 천연염료로 쓰임

"나도 한자 공부를 할머니보다 더 잘해서 '청출어람'이란 말을 써 봐야지."

이렇게 말하는 손자를 보며 난 행복했다. 어조사 어於와 지之 쓰임도 간단히 알려 주었다.

'~에서, 또는 ~의 정도로만'

이안이가 그린 "청출어람"

累卵之危(누란지위)

여러 누, 알 란, 갈 지, 위태할 위

누란 : 층층이 쌓아 놓은 알

지위 : ~의 위태로움

누란지위 : 달걀을 쌓아 놓은 것처럼 매우 위태로움, 몹시 아슬아슬하고 위태로운 모습

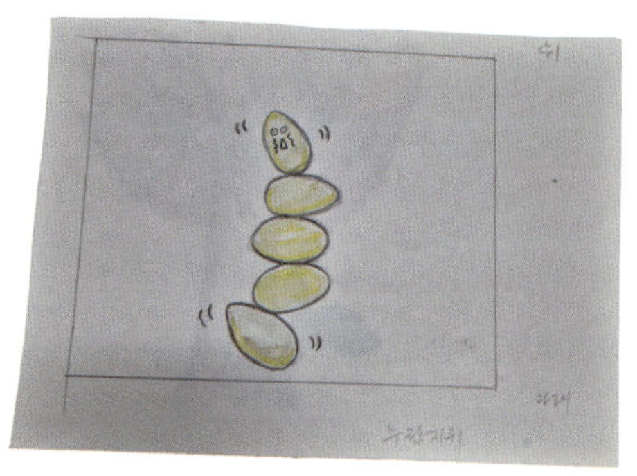

이안이가 그린 "누란지위"

사자성어를 공부하던 중 고시성이까지 지도하면서 손자와 대화가 더 많아졌다. 대화의 내용도 그 범위가 다양할 수밖에 없었고 질문도 많아졌다. 이안이는 주는 대로 다 받아먹었다. 그런 이안이를 보면서 오래 전 우리 아이들을 키웠던 그때의 기억이 떠올랐다.

나의 젊은 시절을 살짝 엿본 기분이 순간 나를 들뜨게 했다.

우리 조상님들은 예로부터 격대교육의 중요성을

강조하지 않았던가?

　생업에 바쁜 부모보다는 시간적으로 여유가 있고 경험도 풍부한 조부모가 손자녀의 교육을 담당했던 그 아름다운 모습들을…

　나는 한자 급수를 따게 하고 싶은 성급한 마음에 사자성어 지도 후에 바로 6급 과정을 시작했다. 이안이는 사자성어를 더 하고 옥편도 더 찾고 싶어 하는데 이 할머니는 갈 길이 멀다고 생각했었다.

　늘 나의 급한 성격이 문제야.

　그래서 아들 내외에게 사자성어 책을 사 주게 했더니 고사성어 책까지 같이 사 주었다. 크지도 않고 한 손에 꼭 잡히고, 쉬운 예를 들어가며 구성도 참 잘된 책이었다. 좋은 책을 사 줬다고 부모를 칭찬하니까 이안이가 직접 골랐다는 말도 빼놓지 않았다.

한자 수업 후 이안이가 갑자기,

"할머니 힘드시겠다."

이러길래,

"아니, 나는 힘든 것보다도 기쁜 마음이 더 크단다."라고 하니 부루마블 게임에서의 돈 1,000원을 준다.

"왜 주는 건데?"

"모든 학원은 돈을 줘야 해요. 나를 가르치시니까 드려야죠."

아이고! 예쁜 녀석!

제14장

만화(漫畵)

한자 만화(漢字 漫畫)

이안이의 방 책꽂이에 요즘 인기 있는 한자 만화 책이 여러 권 있었다.

나도 그 내용이 궁금해서 읽어 보았다. 읽다 보니 아쉬움이 많이 있었다. 페이지 분량에 비해서 들어 있는 한자가 생각보다 많지 않았다.

만화의 내용을 중심으로 글의 흐름이 진행되다 보니 한자의 난이도가 널뛰기를 하는 것 같았다. 한자 8급에서부터 3급의 한자까지도 나와 있었다.

워낙 재미있으니까 이안이도 주변의 다른 아이들도 많이 읽는 것을 보았다. 빠르게 만화를 읽으면서 한자를 잘 익힐 수 있을까?

그런데 뒷부분의 내용을 보면서 그 염려가 싹 사라졌다. 상황에 맞게 한자와 한자를 연결하여 한자어를 만드는 코너, 한자를 파자破字해서 부수 지도를 하는 코너, 한자 카드 중 제시한 문장에 알맞은 한자를 찾아 한자어 만들기, 주어진 한자를 보고 파생되는 한자어들을 제시한 코너 등이 있었다. 또 유의어와 반의어, 동음이의어를 찾는 부분도 있었다. 또 고사성어, 사자성어는 물론이고 획순에 따라 한자 쓰기도 할 수 있었다.

그런데 이안이의 책을 보니 뒷부분이 깨끗했다. '아이고 아까워라 보물은 여기 다 있는데.'

아이들이 만화만 급하게 볼 것이 아니라 뒷부분의 다양한 활동들을 할 수 있다면, 우리 부모님들은 학습이 이뤄졌는지 아이와 함께 확인함과 동시에 귀중한 보화를 찾을 수 있을 것이다.

역사 만화(歷史 漫畫)

이안이는 역사 만화를 좋아해서 가족 생일 파티 때도 음식점에 가지고 온다.

어른들의 이야기가 시작될 무렵이면 으레 책을 편다. '얼마나 재미있길래 저럴까?'

그 후 나도 이안이가 보던 책을 읽었다. 두꺼운 책이었는데도 내용이 재미있어서 금방 읽혔다. 만화라서·처음에는 별로 기대를 하지 않고 읽었는데 말풍선 속의 글만 있는 것이 아니라, 군데군데 중요한 부분은 줄글로 이루어져 있었다.

역사적인 사실, 그 당시의 시대 상황과 여러 제도들, 중요한 인물과 사건 등등 말이다. 그리고 책의 뒷부분에는 다양한 활동을 할 수도 있고, 독서를 통하여 내면화가 이루어질 수 있도록 구성이 되어 있었다.

　또한 자신의 소질과 특기를 알아보고 거기에 맞게 진로 탐색을 할 수 있도록 안내를 해 주었다.

　역사 속 인물의 업적과 관련된 일들을 하는 국가 기관들을 소개하기도 했다. 책 속의 어려운 어휘들은 따로 보아서 이해가 쉽도록 도와주고 무엇보다도 책이 재미가 있었다.

　아이들이 왜 그렇게 학습만화에 열광을 하는지 조금은 알 수 있는 계기가 되었다.

제15장

나가는 글

흐뭇한 마음으로 손자를 바라보며

이안이의 성장을 보면서, 이제까지 내가 배웠던 교육학, 심리학 이론들이 그게 맞다고 하면서 생명력 있게 살아서 꿈틀거리는 것을 느꼈다.

바쁘게 살아가는 젊은 부모들보다는 한 발 뒤로 물러서서 손자의 성장을 여유로운 시선으로 바라보며, 재촉하지 않고 아이의 작은 성취에도 크게 기뻐하며 흡족한 마음으로 응원할 수 있는 은퇴 후의 삶이 얼마나 좋은지 모르겠다.

할머니, 할아버지가 된 분들께 감히 권하고 싶다. 자신이 젊은 날 줄곧 해 왔고 경험했던 많은 것들을 손자, 손녀의 눈높이에 맞춰 맞춤형으로 전할 수 있다면, 남들은 전혀 알 수 없는 은밀하고도 기분 좋은 비밀들을 손자, 손녀와 서로 공유할 수 있지 않을까 생각한다.

내가 더 늙어도 손자의 유년 시절 중 일정 기간 함께했다는 동지애 같은 것이 있어서 훗날 확실한 내 편(?)이 되어 주지 않을까?

이건 할머니만의 욕심인가?

전 국립국어원 원장이자 현 서울대 명예교수이신 심재기 교수님께서 방송에서 한자교육의 필요성에 대해 말씀하시는 내용을 들었다.

한글만 가지고는 모든 문자 생활이 어렵다는 말씀과 함께 우리나라는 역사적, 문화적, 사회적으로 한자 문화의 자산이 많고, 우리의 고급문화는 모두 한자로 이루어졌으며, 우리말에서 한자어가 차지하는 비중이 매우 크므로 우리의 정체성과 우리 문화를 제대로 이해하려면 한자교육이 꼭 필요하다는 그런 내용이었다.

한자에 관심이 많고 오랜 세월 학교 현장에서 학생들을 지도했고, 또 손자의 한자 선생으로서도 심재기 교수님 말씀은 한자교육에 있어서 꼭 필요한 말씀이라고 생각한다.

나가는 글

이안이와 한자 공부를 마치고 집에 돌아오는 길은 너무나 기쁘고 마음이 들떠서 자동차 핸들을 잡고 '감사, 감사, 감사'하다는 말만 하면서 오게 된다.

우리 부부에겐 코로나로 인해 매우 힘든 상황도 있었지만, 손자와 공유한 시간이 참으로 귀중한 시간이 되었다. 젊은 날의 나의 경험을 손자와 나눌 수 있어서 무엇보다도 값지고 가슴 벅찬 날들이었다.

이 책을 출간하기에 앞서서 망설여지는 부분들이 있었다.

나의 방법과 나의 생각이 다소 시대에 뒤떨어지지는 않았을까?

이런 생각이 들자 대형서점에 여러 차례 가서 한자교육과 관련한 책들을 검색하고 구입하며, 유튜브, 관련 강의들을 듣고 또 열심히 읽었다.

내가 중요하다고 생각한 방향, 예를 들면 학교 교육과정, 교과와 관련한 개념 등을 한자를 통해 알게 하는 방법이 너무나 잘 나와 있어서 나도 우공 시리즈를 학년별로 구입해서 보고 있다.

학습의 기본이 되는 방법과 태도는 시대가 달라도 크게 변하지 않았다는 생각도 해 보았다.

글을 마무리하며, 무엇보다도 이 모든 여정을 함께해 준 이안이에게 고마움을 전하고 싶다. 매시간 집중하며 즐겁게 배우는 손자의 모습을 보며, 배움이란 단지 지식을 쌓는 일이 아니라 마음을 키우는 일임을 다시금 느꼈다. 이안이가 앞으로도 호기심과 배움의 즐거움을 잃지 않고 자신만의 속도로 단단히 성장해 나가길 진심으로 바란다.

할머니로서, 그리고 한 명의 인생 선배로서…

제16장

부록

✽ **사자성어**(四字成語)

4자성어(한자)	음과 훈 쓰기	의미 찾아쓰기	비고
刻骨難忘	각골난망		
肝膽相照	간담상조		
甘言利說	감언이설		
改過遷善	개과천선		
隔世之感	격세지감		
見物生心	견물생심		
見利思義	견리사의		
輕擧妄動	경거망동		
結者解之	결자해지		
結草報恩	결초보은		

4자성어(한자)	음과 훈 쓰기	의미 찾아쓰기	비고
苦盡甘來	고진감래		
骨肉相爭	골육상쟁		
冠婚喪祭	관혼상제		
群鷄一鶴	군계일학		
勸善懲惡	권선징악		
錦上添花	금상첨화		
錦衣還鄕	금의환향		
氣盡脈盡	기진맥진		
累卵之勢	누란지위		
多多益善	다다익선		

4자성어(한자)	음과 훈 쓰기	의미 찾아쓰기	비고
大器晩成	대기만성		
東問西答	동문서답		
同病相憐	동병상련		
東奔西走	동분서주		
同床異夢	동상이몽		
凍足放尿	동족방뇨		
燈下不明	등하불명		
門前成市	문전성시		
薄利多賣	박리다매		
博學多識	박학다식		

4자성어(한자)	음과 훈 쓰기	의미 찾아쓰기	비고
白骨難忘	백골난망		
百發百中	백발백중		
白衣民族	백의민족		
百害無益	백해무익		
父傳子傳	부전자전		
砂上樓閣	사상누각		
事必歸正	사필귀정		
塞翁之馬	새옹지마		
小貪大失	소탐대실		
束手無策	속수무책		

4자성어(한자)	음과 훈 쓰기	의미 찾아쓰기	비고
水魚之交	수어지교		
信賞必罰	신상필벌		
身言書判	신언서판		
身土不二	신토불이		
我田引水	아전인수		
眼下無人	안하무인		
暗行御史	암행어사		
藥房甘草	약방감초		
弱肉强食	약육강식		
羊頭狗肉	양두구육		

4자성어(한자)	음과 훈 쓰기	의미 찾아쓰기	비고
魚頭肉尾	어두육미		
漁父之利	어부지리		
語不成說	어불성설		
言中有骨	언중유골		
易地思之	역지사지		
緣木求魚	연목구어		
烏飛梨落	오비이락		
五十步百步	오십보백보		
外柔內剛	외유내강		
欲速不達	욕속부달		

4자성어(한자)	음과 훈 쓰기	의미 찾아쓰기	비고
龍頭蛇尾	용두사미		
優柔不斷	우유부단		
牛耳讀經	우이독경		
有備無患	유비무환		
流言蜚語	유언비어		
類類相從	유유상종		
異口同聲	이구동성		
耳目口鼻	이목구비		
一擧兩得	일거양득		
一口二言	일구이언		

4자성어(한자)	음과 훈 쓰기	의미 찾아쓰기	비고
一石二鳥	일석이조		
一笑一少	일소일소		
一心同體	일심동체		
一魚濁水	일어탁수		
天高馬肥	천고마비		
一日如三秋	일일여삼추		
一長一短	일장일단		
自給自足	자급자족		
自業自得	자업자득		
作心三日	작심삼일		

4자성어(한자)	음과 훈 쓰기	의미 찾아쓰기	비고
積小成大	적소성대		
適者生存	적자생존		
轉禍爲福	전화위복		
走馬看山	주마간산		
靑出於藍	청출어람		
草綠同色	초록동색		
春夏秋冬	춘하추동		
七顚八起	칠전팔기		
八方美人	팔방미인		
敗家亡身	패가망신		

4자성어(한자)	음과 훈 쓰기	의미 찾아쓰기	비고
表裏不同	표리부동		
風前燈火	풍전등화		
鶴首苦待	학수고대		
螢雪之功	형설지공		
好事多魔	호사다마		
紅一點	홍일점		
花無十日紅	화무십일홍		
興亡盛衰	흥망성쇠		
朝三暮四	조삼모사		
鳥足之血	조족지혈		

4자성어(한자)	음과 훈 쓰기	의미 찾아쓰기	비고
晝耕夜讀	주경야독		
竹馬故友	죽마고우		
知行合一	지행합일		
天生緣分	천생연분		
針小棒大	침소봉대		
會者定離	회자정리		
直進, 屈折	직진, 굴절		
反射, 輻射	반사, 복사		초등학교 교과서에 실린 한자어
傳導, 對流	전도, 대류		
毛細血管	모세혈관		

참고 서적 및 자료

- **현대활용옥편**

  두산동아 (현)동아출판

- **어른이 되어 처음 만나는 한자**

  이명학, 김영사

- **한자원리해법**

  김철영 엮음, 자유문고

- **한문의 이해**

  민관동 외 2인, 학고방

- **진짜 교과서 한자어**

  3~6학년 우공비, 좋은 책 신사고

- **8급 한자카드**

  고피쉬 한자 8급

- **네이버 국어사전, 네이버 한자사전**

- **더 존 한자사전**

- **WHO 한국사**

- **마법 천자문**

이안이와 함께한
한자 공부

초판 1쇄 발행 2026년 4월 1일

지은이   이상란
그린이   송이안
펴낸이   이기봉
편집   좋은땅 편집팀
펴낸곳   도서출판 좋은땅
주소   서울특별시 마포구 양화로12길 26 지월드빌딩 (서교동 395-7)
전화   02)374-8616~7
팩스   02)374-8614
이메일   gworldbook@naver.com
홈페이지   www.g-world.co.kr

ISBN   979-11-388-5578-5 (03700)